なにか生まれそう!
いばらき
セレクション
125
みんなで選んだ茨城の宝

目次

いばらきセレクション125 お宝マップ

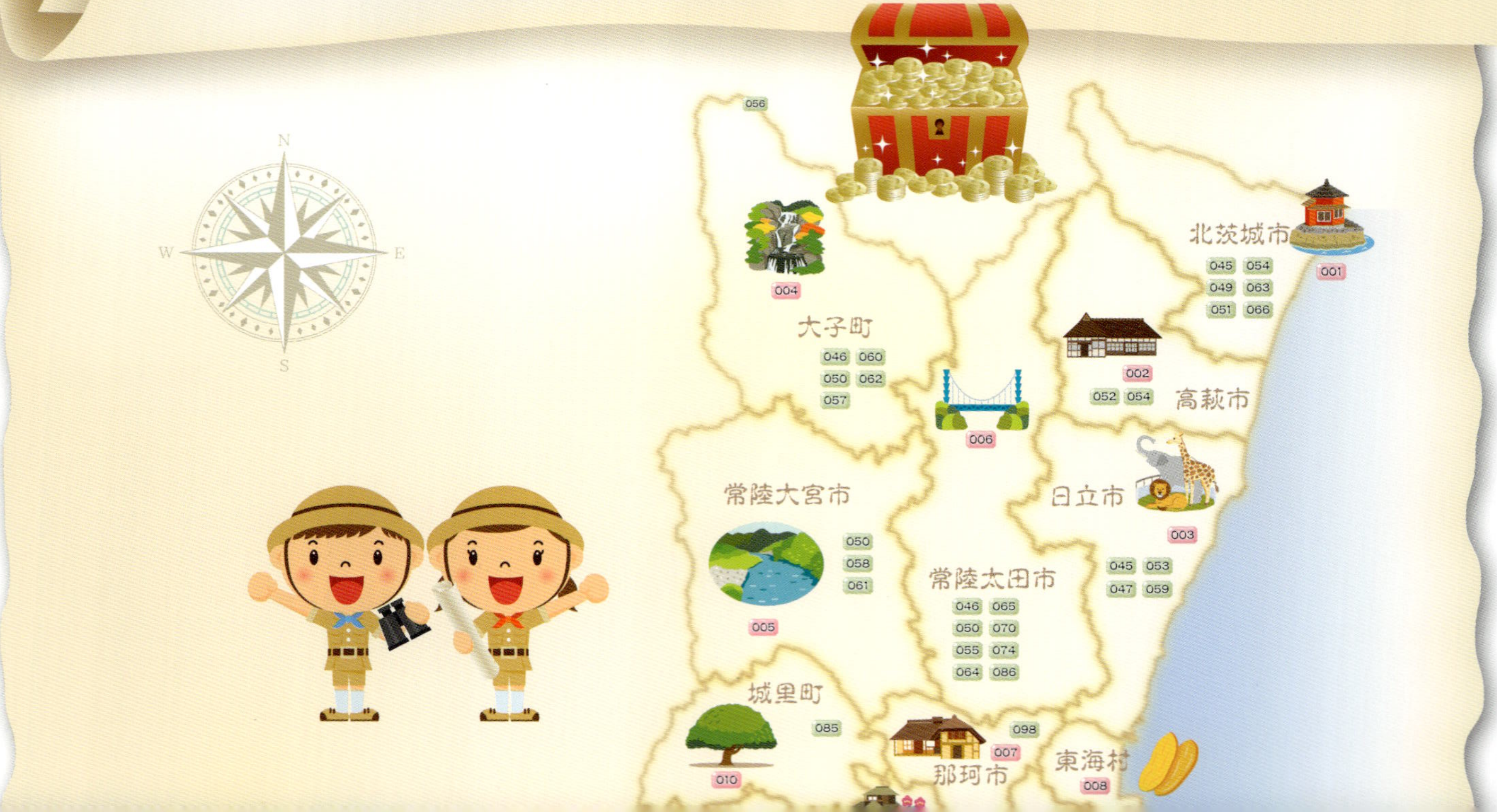

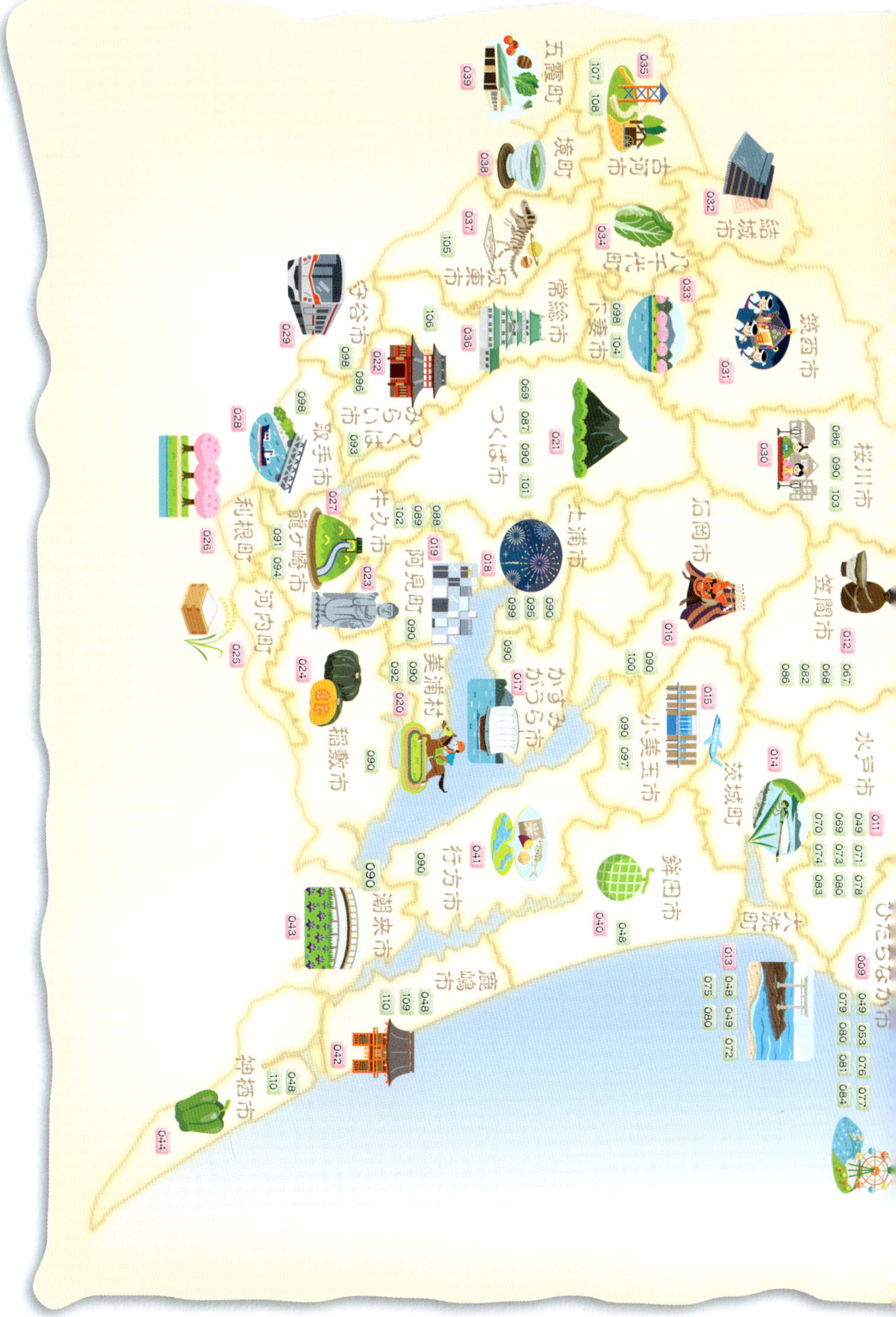
五霞町
古河市
境町
結城市
八千代町
坂東市
常総市
下妻市
筑西市
守谷市
つくばみらい市
取手市
つくば市
桜川市
利根町
龍ケ崎市
牛久市
阿見町
土浦市
石岡市
笠間市
河内町
美浦村
かすみがうら市
小美玉市
茨城町
水戸市
稲敷市
行方市
鉾田市
大洗町
ひたちなか市
潮来市
鹿嶋市
神栖市

＜市町村枠＞

001 五浦の六角堂（北茨城市）
002 穂積家住宅（高萩市）
003 日立市かみね動物園（日立市）
004 袋田の滝（大子町）
005 久慈川と流域と自然（常陸大宮市）
006 竜神大吊橋（常陸太田市）
007 曲がり屋（那珂市）
008 干し芋（東海村）
009 国営ひたち海浜公園（ひたちなか市）
010 スダジイ（城里町）
011 偕楽園と偕楽園公園（水戸市）
012 笠間焼（笠間市）
013 大洗の海（大洗町）
014 涸沼の自然（茨城町）
015 茨城空港（小美玉市）
016 石岡のおまつり（石岡市）
017 霞ヶ浦と帆引き船（かすみがうら市）
018 土浦全国花火競技大会（土浦市）
019 予科練平和記念館（阿見町）
020 美浦トレーニング・センター（美浦村）
021 筑波山（つくば市）
022 板橋不動尊（つくばみらい市）
023 牛久大仏（牛久市）
024 江戸崎かぼちゃ（稲敷市）
025 河内のお米（河内町）
026 利根川の桜並木（利根町）
027 たつのこやま（龍ヶ崎市）
028 利根川（取手市）
029 つくばエクスプレス（守谷市）
030 真壁のひなまつりと歴史的町並み（桜川市
031 下館祇園まつり（筑西市）
032 結城紬（結城市）
033 砂沼（下妻市）
034 ハクサイ（八千代町）
035 ネーブルパーク（古河市）
036 地域交流センター「豊田城」（常総市）
037 ミュージアムパーク茨城県自然博物館（坂東市）
038 さしま茶（境町）
039 五霞の農産物と道の駅（五霞町）
040 鉾田のメロン（鉾田市）
041 北浦と西浦の恵み（行方市）
042 鹿島神宮（鹿嶋市）
043 水郷潮来あやめ園（潮来市）
044 神栖のピーマン（神栖市）

＜全県枠＞

045 鵜の岬と国民宿舎
046 凍みこんにゃく
047 日立風流物と桜
048 鹿島灘と水際線
049 あんこう料理
050 茨城の漆
051 童謡詩人・野口雨情と生家
052 地理学者・長久保赤水
053 日立の産業遺産
054 花貫渓谷と花園渓谷
055 東・西金砂神社と大小祭礼
056 茨城最高峰の八溝山
057 奥久慈茶
058 西塩子の回り舞台
059 吉田正と音楽のまち
060 奥久慈しゃも
061 西ノ内和紙
062 月待の滝

いばらきセレクションお宝マップ

095 真鍋小学校の桜
096 つくばみらいの綱火
097 滝平二郎と切り絵作品
098 ビール日本一
099 亀城公園
100 常陸国分寺と国分尼寺
101 北畠親房と小田城
102 うしく現代美術展
103 桜川の桜
104 筑波サーキット
105 平将門
106 長塚節と生家
107 古河提灯竿もみ祭り
108 篆刻美術館と古河の文化施設
109 鹿島アントラーズと
県立カシマサッカースタジアム
110 鹿島臨海工業地帯
111 常陸秋そばとつけけんちん
112 板谷波山と茨城工芸会
113 シルバーリハビリ体操
114 茨城の最先端原子力科学技術
115 納豆
116 レンコンと蓮田の風景
117 茨城の古墳
118 現代茨城作家美術展と茨城県芸術祭
119 茨城弁
120 常陸牛とローズポーク
121 常陸国風土記
122 茨城の酒蔵と地酒
123 常磐線
124 親鸞とゆかりの寺
125 果実大国

No.111～125は広範囲にわたるため地図の記載を省略しました

063 北茨城の御船祭
064 都々一坊扇歌
065 佐竹寺と佐竹の歴史遺産
066 岡倉天心と日本美術院の画家たち
067 笠間稲荷神社
068 愛宕山
069 がんばれロボッツ、ホーリーホック
070 水戸黄門
071 弘道館と水戸学
072 ガルパンの舞台・大洗
073 水戸芸術館
074 水戸徳川家
075 アクアワールド茨城県大洗水族館
076 真夏の祭典ロック・イン・ジャパン
077 ひたちなか海浜鉄道
078 ダイダラボウ像と伝説
079 那珂湊おさかな市場
080 磯節
081 ジオパーク平磯白亜紀層
082 春風萬里荘と笠間日動美術館
083 水戸発祥のオセロ
084 那珂湊反射炉跡
085 粟野春慶
086 茨城の石材
087 サイエンスシティーつくば～
宇宙・生命・ロボット
088 シャトーカミヤ
089 牛久沼と河童の画家小川芋銭
090 つくば霞ヶ浦りんりんロード
091 龍ヶ崎の撞舞(つくまい)
092 陸平貝塚
093 探検家・間宮林蔵
094 龍ヶ崎コロッケ

「茨城の誇り」凝縮

読者の皆さまへ

茨城新聞社長　小田部　卓

「いばらきセレクション１２５」は茨城新聞が２０１６年、創刊１２５周年を迎えたことを記念して実施しました。

創刊記念事業は通常、創刊日（７月５日）に発表するのが常ですが、「あくまで茨城県民のための事業」との趣旨から、「県民の日」の11月13日に発表しました。少子高齢化に歯止めがかからず、地方創生が時代の大きな課題となる中、「地方が輝きを取り戻す原点は住民の郷土への誇り」との確信をこの事業に込めました。いばらきセレクションに選定された「茨城の宝」を通して読者にはぜひとも、自らが生まれ育ち、あるいは日々の暮らしをおくる郷土への自信と誇り、愛着、未来への発展可能性などについて、思いを新たにしてほしいと願います。

いばらきセレクションへの投票は小中学生を対象にした子ども票と高校生以上を対象にした一般票に分け、子ども票は「自分が住む市町村の宝」、一般票では「茨城の宝」をそれぞれ自由記載してもらいました。あらかじめ用意した候補の一覧から選んでもらうというような形ではなく、自由な発想で書いてもらったのは、限られた地域や人々にしか知られていない地域財産・資源を掘り起こしたいと考えたからです。

投票総数は16万９１６票（子ども票13万５、１３９票、一般票２万５、７７７票）に登り、集計には一昨年11月から昨年８月まで10カ月を要しました。一見違って見える項目をどういった基準でくくるか、逆に同じように見えるものの違いをどう見極めるか、一つひとつケースバイケースで判断しました。仕分けには多くの時間と労力を要しましたが、おかげで投票項目をつぶさに調べることができ、結果として、手づくり感あふれる事業となりました。

選定に当たった選考委員会は、侃々諤々《かんかんがくがく》の議論を重ねました。５人の選考委員が投票数を重視しながら、「全国的に見たときの貴重性」「将来的な成長性」「豊かな物語性」などの視点も加味して意見を戦わせました。そして、意見が分かれそうになったとき、選考委員会として最も大切にし、最後のよりどころとしたのは「県民として誇れるものかどうか」という価値判断です。それゆえ、いばらきセレクションには「茨城の誇り」が凝縮されているのです。

１２５の宝は自然や食、観光拠点や身近な施設、伝統工芸や近代産業、伝説と科学など種々雑多なように見えますが、詳しく見つめてもらえば、ある種の統一性があることも理解してもらえると思います。例えば、歴史の流れという点で見れば、「陸平貝塚」から始まって「茨城の古墳」「常陸国風土記」「佐竹寺と佐竹の歴史遺産」「弘道館と水戸学」「日立の産業遺産」と縄文から古代、中世、近代、現代までを包摂しています。「平将門」と「水戸徳川家」によっては、本県が武士社会の発祥であり、終焉の地である物語性を感じてもらえるのではないでしょうか。私たちの郷土は何と豊かな歴史をたどってきたことか。これもまた、県民が誇りとしていいでしょう。

惜しむらくは、１２５項目しか選定できなかったということです。いばらきセレクションに選ばれなかったからといって、価値を軽視したというわけではありません。選外の候補にも数えきれないほどの宝の原石があります。それを磨くのは、官民挙げての仕事であり、県民一人ひとりの努力です。茨城新聞社はその取り組みを応援します。

いばらきセレクション125の仕組み

いばらきセレクション１２５は県、県市長会、県町村会、県教育委員会、茨城新聞「茨城会」との共催で実施した茨城新聞創刊１２５周年記念事業。地方創生が県や市町村の課題となる中、有形無形の地域資源・財産を発掘して県内各地の魅力を再確認するとともに、本県への全国の注目度を高める狙いで、県民投票や全国からのインターネット投票に基づいて選考委員会が茨城の宝１２５項目を選定し、「県民の日」の２０１６年11月13日に発表。

投票は県内小中学生による子ども票、原則として高校生以上の一般票（ネット票を含む）の2種に分けた。選定する１２５項目は自然や景観、歴史、伝統、文化、施設などはもちろん、習俗や県民性、まちづくり活動などあらゆる分野を対象とし、各市町村から一つずつ選ぶ44項目と、県全体として選ぶ81項目で構成する。市町村枠の44項目は子ども票に基づき、全県枠の81項目は原則として一般票に基づいて選んだ。

選考委員会では、投票数を重視するとともに、デザイン性や物語性、希少性などの視点も加味して選考に当たった。市町村枠については原則、その市町村に固有のものを選ぶこととした。

選考委員会は札幌市立大学理事長・学長の蓮見孝氏、ミュージアムパーク県自然博物館前館長の菅谷博氏、茨城大学社会連携センター准教授の清水恵美子氏、県教育財団理事長の野口通氏と茨城新聞社の小田部卓社長で構成した。

■主催 茨城新聞社

■共催 茨城県、茨城県市長会、茨城県町村会、茨城県教育委員会、茨城新聞「茨城会」

■後援 茨城県議会、茨城県市議会議長会、茨城県町村議会議長会、茨城県経営者協会、茨城県中小企業団体中央会、茨城県商工会議所連合会、茨城県商工会連合会、茨城県人会連合会、茨城県観光物産協会、茨城県地域女性団体連絡会、茨城県私学協会、ＮＨＫ水戸放送局、茨城放送

■協賛 秋山工務店、アサヒビール茨城支社、伊勢甚本社、茨城県トヨタ会、茨城県トラック協会、いばらきコープ生活協同組合、茨城セキスイハイム、茨城日野自動車・日野自動車、笠間稲荷神社、勝田環境、関電工茨城支社、キリンビールマーケティング茨城支社、ケーズデンキ、コンテック、下館ゴルフ倶楽部、ＪＡグループ茨城、常陽銀行、関彰商事、大和ハウス工業茨城支社・つくば支社、筑波銀行、東京ガス、坂東太郎、日立製作所グループ、水戸証券、水戸信用金庫

市町村枠・こども票

いばらき
セレクション
125

北茨城市

五浦の六角堂

五浦に立つ風光明媚な六角堂＝北茨城市大津町五浦

お宝マップ 001

岡倉天心の遺跡が残る風光明媚《めいび》な五浦に立つ六角堂は正式名称を「観瀾《かんらん》亭」といい、天心が思索や読書をしながら大波を見るためのあずまやとして使用していた。２０１１年の東日本大震災による津波で流失したが、翌年4月、茨城大学や北茨城市などによって創建当初の姿に復元され、北茨城復興のシンボルになっている。

中国庭園のあずまや、仏堂、茶室―三つの特徴を持つ六角堂は、道教・仏教（インド）・茶（日本）が一体となった天心の世界観が表現された建物で、宇宙の本質である永遠の変化と生成を大波の中に見ていたと考えられる。

六角堂は屋根に8寸幅の桟瓦を使用し、窓ガラスはイギリスから輸入。ガラスの厚みに凹凸があり、景色が少しゆがんで見えるのが特徴。ベンガラで塗装した鮮やかな朱色の建物と青い海のコントラストが美しく、さながら一幅の絵のような風景が眼下に広がる。

14年には六角堂、五浦海岸などが本県初の国登録記念物に登録された。

問合せ先　北茨城市観光協会　TEL：0293-43-1111

高萩市

穂積家住宅

県指定有形文化財の古民家「穂積家住宅」＝高萩市上手綱

お宝マップ
002

高萩市上手綱にある県指定有形文化財の古民家。敷地面積約４１７０平方メートルで、木造かやぶき寄せ棟造りに一部入母屋造りを取り入れた母屋、母屋と渡り廊下でつながる衣裳《いしょう》蔵、前蔵、長屋門、さらに広さ約３３０平方メートルの庭園などで構成。母屋の屋根は、かやなどを数段に重ねて葺《ふ》いたもので、軒付けは「五段《ごだん》茅葺《かやぶき》中竹《なかたけ》節揃《ふしぞろえ》角市松《かどいちまつ》模様《もよう》寄棟造《よせむねづくり》」という。

穂積家は江戸時代中期ごろの豪農で、農業のほか造林業、金融業、酒造業などを営み、明治初期には蒸気機関を使った製糸工場も経営していたという。

１９９９年から４年事業で保存整備が行われた。その際に柱のほぞから墨書が見つかり、１７７３（安永２）年に建築されたことが分かった。１９８９年に県指定有形文化財に指定された。２０１１年からは紅葉シーズンに合わせ、期間限定の古民家レストランを開設。県北地域の食資源や歴史的文化財の魅力を生かし、地産地消や周遊観光を推進している。

問合せ先	高萩市観光協会　　TEL：0293-23-2121

日立市

日立市かみね動物園

お宝マップ 003

キリンへの餌やり体験＝日立市宮田町

日立市の高台に位置し、太平洋を一望できる日立市かみね動物園。１９５７年に開園し、２０１７年６月に開園60周年を迎える。小型から大型動物まで計70種５００点を展示しており、動物と身近に触れ合える動物園として長年親しまれている。

「楽しく入って、学んで出られる動物園」をモットーに、動物を展示するだけではなく、体験イベントや講演会などを通して来園者に動物への理解や関心を深めてもらうとともに、動物たちの現状を知ってもらうことを目的としている。

同園では、１９６３年生まれの国内最高齢カバ「バシャン」（53歳）をはじめ、看板娘のアジアゾウ「スズコ」と「ミネコ」が不動の人気を集めている。また、首を伸ばすキリンにバルコニーから餌やりができる「キリン舎」は迫力満点で、動物たちを間近に感じられる。

２０１５年度の来園者は35万９４８６人。今後も魅力ある動物園づくりを心掛け、夢とアイデアを出しながら来園者の増加を図っていく。

問合せ先　かみね公園管理事務所　TEL：0294-22-5586

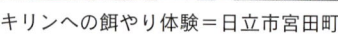

大子町

袋田の滝

お宝マップ
００４

日本三名瀑《めいばく》の一つで、国の名勝に指定され、本県の代表的な観光スポット。高さ１２０メートル、幅73メートルで大岩壁を４段に落下するためか、あるいは西行法師が「四季に1度ずつ来ないと、真の風趣は味わえない」と絶賛したためか、「四度《よど》の滝」とも呼ばれる。

約１５００万年前、海底火山が爆発。噴出物が冷やされ断崖ができ、久慈川の支流、滝川が流れ落ちる。地質学的にも貴重であり、県北ジオパークのジオサイトの一つでもある。

水量が少なければ細い白糸のように、多ければ水しぶきを上げた迫力ある滝にと、さまざまな表情を見せる。春は木々の緑と清らかな水音が織りなすハーモニー、夏はダイナミックな水しぶきとその勢いで描かれる虹、秋は紅葉が渓谷を飾り、冬は神秘的に凍結することもある。近年、「恋人の聖地」にも選ばれ、若いカップルの姿も目立ってきた。

見学には３００円（子どもは１５０円）が必要。

日本三名瀑の一つで４段に流れる美しい滝
＝大子町袋田

問合せ先　大子町観光協会　TEL：0295-72-0285

常陸大宮市

久慈川と流域の自然

お宝マップ 005

緑の山々と清らかな流れは日本の原風景

久慈川は本県と福島県にまたがる八溝山の北側斜面を源として、八溝山地と阿武隈高地の間を南へ流れ、本県は大子町、常陸大宮市などを経て、日立市と東海村の境界から太平洋に注ぐ１級河川だ。

県北ジオパーク（大地の公園）の一つ、大宮段丘ジオサイトは関東平野と阿武隈山地との境界に位置。辰ノ口展望台からは、山地から丘陵地、平地、広がる水田といった流域の地形が一望できる。

河川敷にはレジャースポットも多く、四季折々の自然を楽しみ、カヌーなどアウトドアに親しむ施設が整備されている。今春、常陸大宮市岩崎の国道１１８号沿いに、道の駅常陸大宮・かわプラザがオープン。好天には家族連れが河川敷で遊ぶ姿も見られる。

初夏から秋にかけては、日本有数のアユの釣り場として知られ、多くの釣り人が訪れる。流れが急で水がきれいな川は、良いコケができるため、これを食べて成長するアユは、顔つきも鋭く、ほかと比べると、うまさが違うといわれる。

問合せ先	常陸大宮市環境課　TEL：0295-52-1111

常陸太田市

竜神大吊橋

常陸太田市を代表する観光スポットの竜神大吊橋＝常陸太田市天下野町

お宝マップ
006

年間約20万人が訪れる常陸太田市を代表する観光スポット。長さ３７５メートルの歩行者専用としては日本最大級のつり橋で、Ｖ字形の渓谷が美しい竜神峡に架かる。つり橋下の竜神ダム湖面からの高さが１００メートルあり、周囲に広がる四季折々の雄大な景色を一望できる。橋を渡ると「木精《もり》の鐘」と名付けられた組み鐘施設があり、３種類の音色を響かせる。

つり橋から跳ぶバンジージャンプは国内一の高さを誇り、そのスリルと迫力が若者に人気。つり橋を見上げながらダム湖を進んでいくカヌー体験は、流れが緩やかなため初心者でも気軽に楽しめる。

新緑の渓谷を渡る風に乗って約千匹のこいのぼりが泳ぐ「鯉のぼりまつり」や、約５００個の灯籠などの明かりが夏の夕べを彩る「灯ろうまつり」、常陸秋そばの新そばと、赤や黄色に色付いた山並みを満喫できる「紅葉まつり」など、季節ごとに開かれる多彩なイベントも魅力。

問合せ先　常陸太田市観光振興課　TEL：0294-72-8071

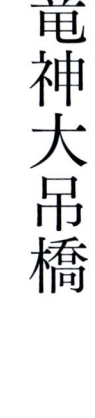

那珂市

曲がり屋

公園のシンボル「曲がり屋」＝那珂市菅谷

お宝マップ 007

公園は1992年開園。農業用ため池約2・8ヘクタールと陸上の公園部分で広さ3・3ヘクタール。10月下旬ごろにはオオハクチョウが越冬のため飛来する。

公園のシンボル的施設が江戸時代末期に那珂市戸崎に造られた曲がり屋。99年9月に公園内に移築し、復元された。母屋から土間、農耕のための牛や馬を飼う厩《うまや》が鉤《かぎ》形に曲がって続く構造から「曲がり屋」と呼ばれた。理由は①税が棟数で課せられたため、一体化した②冬の北東の風が直接母屋に吹き込むのを避けた③牛や馬を家族同様に大切にするため―などが挙げられる。寒さの厳しい東北地方から本県の一部に見られる代表的な民家だ。

かやぶき屋根で、曲がり部分の正面の軒が「兜《かぶと》造り」と呼ばれる形で切り下げられ、中2階に開口部がある。屋根の頂には東に「水」、西に「寿」、南に「龍」の文字が記された棟飾りがあり、火伏せや厄よけの役目を担っている。直線中央部にはいろりやかまどから出る煙出しがあるのが主な特徴だ。

問合せ先　那珂市商工観光課　TEL：029-298-1111

干し芋

東海村

冬場に行われる干し芋作り＝東海村

お宝マップ 008

全国1位の生産量を誇る本県産の干し芋。明治期に、発祥地とされる静岡県から本県に入ってきた。サツマイモを蒸して乾燥させた食品で、11月から2月ごろまでが干し芋加工の最盛期を迎える。県内では、ひたちなか市と東海村が主な産地として知られている。

中でも東海村は村のマスコットキャラクターにサツマイモをイメージした「イモゾー」を採用し、干し芋もアピールしている。毎年11月23日に村内で開催される「I～MO（い－も）のまつり&産業祭」はサツマイモが主役の県内唯一の祭りだ。

干し芋に使われるサツマイモは主に2種類。昔から主力品種のタマユタカに加えて、最近は加工時の色が良いとされるベニハルカがシェアを伸ばしている。

干し芋には食物繊維やビタミンB1、ビタミンC、カリウムなどの成分が含まれる。便秘を解消したり、コレステロールを低下させる効果がある。また、合成着色料や保存料などを使わない無添加食品で、体に良い保存食だ。

問合せ先　東海村観光協会　TEL：029-287-0855

ひたちなか市

国営ひたち海浜公園

お宝マップ 009

コキアが見頃を迎えた国営ひたち海浜公園＝ひたちなか市馬渡

開園部分が約２００ヘクタールを誇る県内有数の観光地。２０１５年度は年間入園者数が初めて２００万人を超え、２１３万６６６８人となった。

元は戦後に米軍の水戸対地射爆撃場（射爆場）として接収され、１９７３年3月15日に返還された。

広大な土地で自然を味わえ、さらに観覧車やジェットコースタなどの遊具も楽しめる。

「みはらしの丘」は特に有名だ。全国だけでなく、海外からも大勢の観光客が訪れる。春の大型連休ごろには約４５０万本のネモフィラで青く染まる。空と一体になったように見える景色は「空へと続く道」とも表現される。「死ぬまでに行きたい世界の絶景」としてメディアに紹介されたほどだ。

一転、秋には紅葉したコキアで赤い色を帯びる。コキアの和名は「ほうき草」と言われ、枝や茎がほうきの材料に利用されることから名付けられた。

夏の「ロックインジャパンフェスティバル」の開催地でもある。

問合せ先　国営ひたち海浜公園　ひたち公園管理センター　TEL：029-265-9001

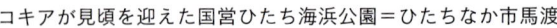

城里町 スダジイ

城里町民に親しまれてきたスダジイ＝城里町石塚

お宝マップ 010

城里町石塚の町役場新庁舎前の広場に、大きく枝葉を広げた町木・町天然記念物の「スダジイ」がある。樹齢は推定３７０〜４２０年。時代を超え、地域を見守り続けてきた。

幹周り約４・３メートル、樹高約11・５メートル、枝葉は東に８メートル以上、西南北に７メートル前後も張り、まさに大樹だ。ブナ科の常緑広葉樹で、５〜６月に薄黄色の花を咲かせ、秋は小さなドングリ状の実を付ける。

根を張る広場は明治中期から存在した水戸専売公社石塚出張所の跡地。１９８５年に同出張所が閉鎖され、その後、旧常北町の町有地となった。95年に町木・町天然記念物に指定されて以来、町のシンボルとして保存が図られている。

町が造園会社に委託し、樹勢を保つための土壌改良、剪定《せんてい》、害虫駆除の消毒などを実施。保存に緑化推進の民間団体の補助を受けた年もあり、善意に支えられた。

広場は芝が敷かれ、遊具やベンチもあり、スダジイに抱かれるように子どもから高齢者まで憩う。

問合せ先	城里町まちづくり戦略課　TEL：029-288-3111

水戸市

偕楽園と偕楽園公園

お宝マップ 011

観梅客でにぎわう偕楽園＝水戸市常磐町

１８４２年に水戸藩９代藩主、徳川斉昭が造園し、日本三名園として金沢の「兼六園」、岡山の「後楽園」と肩を並べる。園内には木造２層３階建ての「好文亭」や採石跡「南崖の洞窟」、白色の井筒を据えた湧水泉「吐玉泉」、日本最古の噴水「玉龍泉」など、見どころも多い。

１２０回目を数えた春の風物詩「水戸の梅まつり」は、ここを主会場に毎年２～３月に開催される。約13ヘクタールの園内には約１００品種、約３千本の梅の花が咲き誇り、県都水戸に早春の訪れを伝える。見頃ともなれば、県内外から多くの観梅客が訪れる。

園内から眺望できる千波湖は、多様な生物の生息環境が整い、環境省の「重要湿地」にも選ばれた。梅林や芝生の広がる四季の原などを含め「偕楽園公園」として市民の憩いの場として定着し、県近代美術館、県民文化センターも隣接。

面積は合わせて約３００ヘクタールに及び、都市公園では米ニューヨーク市のセントラルパークに次ぐ世界第２位の広さを誇る。

問合せ先	偕楽園公園センター　TEL：029-244-5454

笠間市

笠間焼

お宝マップ
012

笠間市の「笠間焼」は国の伝統工芸品で、歴史は江戸時代にまでさかのぼる。市内では毎年、ゴールデンウイーク（ＧＷ）に合わせて笠間焼の祭典「笠間の陶炎祭《ひまつり》」を開催。趣向の異なる作品がずらりと並び、県内外から多くの人が訪れる。

江戸時代、久野半右衛門《はんうえもん》が現在の同市箱田で始めた焼き物が徐々に広がり、陶器の産地として確立されていった。１９５０年に設置された県窯業指導所（現笠間陶芸大学校）では原料の研究や陶工の育成などが行われ、笠間焼の評価を高めてきた。

陶炎祭は笠間焼協同組合主催で２０１６年に35回目を迎え、同市笠間の笠間芸術の森公園で約２００の窯元や陶芸家が笠間焼を展示販売。７日間で過去最多の55万７千人もの人が来場した。これはＧＷ期間の県内行楽地の人出でトップだった。

秋の恒例イベント「笠間浪漫《ろまん》」も笠間焼が展示販売され、人気を集める。また、市内には作品を展示するギャラリーや窯元などが点在し、笠間は陶芸のまちとしてにぎわう。

笠間焼の作品が豊富に並び多くの人でにぎわう「笠間の陶炎祭」＝笠間市笠間

問合せ先　笠間焼協同組合　TEL：0296-73-0058

大洗町

大洗の海

大洗海岸の神磯鳥居＝大洗町磯浜町

お宝マップ 013

　県内外から多くの海水浴客を集めるだけでなく、豊かな海の幸が水揚げされ、陸には大洗磯前神社が海の安寧《あんねい》を祈るように立つ。大型フェリーが行き交い、周辺の大型商業施設は県内屈指の観光スポットとなっている。東日本大震災では津波被害に見舞われた。海は時に牙をむく。それでも、大洗は海と共に生き、海と共に歩む町だ。

　大洗海岸は「日本の渚100選」に選ばれている。水戸藩2代藩主・徳川光圀もその景観を「荒磯の　岩にくだけて散る月を　一つになして　かえる波かな」と詠んだとされる。

　大洗海岸の岩礁に立つ「神磯鳥居」は勇壮な姿が人気で、初日の出の名所としても知られる。元日には町民らで構成する「磯囃子会」が海に向かって太鼓を演奏する勇壮な風景とともに、水平線から昇る初日の出を見ることができる。

　東日本大震災を受け、町が鳥居の目の前に広さ約50平方メートルのデッキを整備。普段は展望台だが、津波の際の避難や岩場への避難呼び掛けにも利用される。

問合せ先　大洗町商工観光課　TEL：029-267-5111

ラムサール条約に登録された涸沼＝茨城町

茨城町

涸沼の自然

お宝マップ 014

茨城町と大洗町、鉾田市に面する涸沼は、関東で唯一の淡水と海水が混じり合う汽水湖で、全国有数のヤマトシジミの産地として知られる。

その上、貴重な水鳥が生息する湿地として、国際的に重要な湿地の保全を目指す「ラムサール条約」に２０１５年５月に登録された。生態系豊かな水辺を次代へ引き継ごうと、住民意識も高まっている。

豊富な自然環境に恵まれており、植物３９８種、鳥86種が確認されている。魚類も１００種類を超え、多くの釣り人が訪れる。

絶滅危惧種の鳥オオセッカが生息し、冬場には猛禽《もうきん》類のオオワシが飛来する。東アジアに生息するスズガモの１％が訪れる。

昆虫類では、国のレッドリストで絶滅危惧Ⅰ類に指定されている「ヒヌマイトトンボ」が、１９７１年に発見されている。

魚類ではフナ、ナマズなどの淡水魚や、ハゼ、ボラなどの回遊魚など、多種多様な魚が見られる。かつては、ニシンの太平洋側の南限としても知られた。

問合せ先	茨城町地域産業課　　TEL：029-292-1111

小美玉市

茨城空港

格安、コンパクトが特徴の茨城空港＝小美玉市与沢

お宝マップ
015

茨城空港は首都圏３番目の空港として、小美玉市与沢に２０１０年３月に開港。航空自衛隊百里基地と滑走路を共用しており、２階の送迎デッキからは旅客機と自衛隊機の離着陸を見ることができ、航空機ファンにはたまらないスポットだ。

空港では現在、格安航空会社（ＬＣＣ）のスカイマークが定期便として札幌、神戸、福岡、那覇便の国内線、春秋航空が上海便の国際線を運航。約１３００台収容可能な無料駐車場もあり、マイカー派には「手軽な空の旅を楽しめる」と人気だ。ターミナルビル内には食堂、お土産コーナーなども充実している。

高速道路網の整備が進み近県からのアクセスも便利に。空港利用者に加え、見学客、週末イベントへの参加者が多く集まる。近くの観光施設「空のえき　そ・ら・ら」もにぎわう。

茨城国体、東京五輪に向け、さらなるアクセス整備として、常磐自動車道・石岡小美玉スマートインターチェンジと空港を結ぶ直線道路が完成すれば、15分で行き来できるようになる。

問合せ先　茨城県開発公社空港ビル管理事務所　TEL：0299-37-2800

石岡市

石岡のおまつり

石岡のおまつりの勇壮な山車や幌獅子＝石岡市

お宝マップ
016

常陸国総社宮の例大祭「石岡のおまつり」は、川越氷川祭（埼玉県）、佐原の大祭（千葉県）と並び関東三大祭りの一つに数えられる。毎年9月15日の例祭に合わせ、それに近い3日間にわたり開催される。創建千年を誇る総社宮の最も重要な祭りで、近世以降さまざまな要素が加わり、今日まで発展してきた。

延享年間（1744～47年）に奉納相撲が始まり、江戸時代後期から明治時代前半には、大獅子など勇壮な風流物が街中を練り歩き、その後、富裕な商人層が贅《ぜい》を凝らした豪華絢爛《けんらん》な山車が出るなど、現在の形がほぼ固まった。

期間中は、総社宮を中心に石岡市中心市街地が祭り一色となり、毎年40万人を超える人出でにぎわう。

初日は「神幸祭」で、総社宮本殿から祭神の分霊が大みこしによって、年番町に設けられた仮殿に向かう。中日は「奉祝祭」で、境内で奉納相撲や神楽奉納、石岡駅前通りで幌獅子や山車の大行列が行われる。最終日「還幸祭」は分霊が本殿に戻る。

問合せ先　石岡市商工観光課　TEL：0299-43-1111

風を受け湖上を進む帆引き船＝霞ケ浦

かすみがうら市

霞ケ浦と帆引き船

お宝マップ 017

風をはらんだ帆引き船が雄大な霞ケ浦の湖面を滑り行く。その光景は圧巻だ。

霞ケ浦の湖面積２２０平方キロ（北浦、常陸利根川など含む）は琵琶湖に次いで国内2位、水際線延長は琵琶湖を超える。ワカサギやフナなどの漁獲に富み、多様な動植物が生息し、生活水や農工業用水として利用されている。霞ケ浦は限りない恵みを私たちに与えてくれる。

新治郡佐賀村（現かすみがうら市）の漁師、折本良平（１８３４～１９１２年）が考案した帆引き網漁に使われたのが帆引き船。ワカサギ漁などを中心に使われ、トロール船に代わる前、明治時代から昭和40年代まで約90年間、霞ケ浦の漁の主役だった。

現在、帆引き船は地域の重要な文化遺産として、同市や土浦市、行方市が保存継承に努めている。伝統を引き継ぐため、3市がそれぞれ観光用に操業。毎年夏から秋の休日に行われ、遊覧船や随伴船に乗船し間近に見学ができる。

問合せ先　かすみがうら市観光協会　TEL：029-897-1111

秋の夜空を彩るワイドスターマイン（2014年10月４日撮影）＝土浦市

土浦市

土浦全国花火競技大会

お宝マップ
018

「土浦全国花火競技大会」は、土浦市が全国に誇る一大イベント。全国の花火師が日本一を懸けて腕を競い合う。「大曲の花火」（秋田県大仙市）や、「長岡まつり大花火大会」（新潟県長岡市）とともに、日本三大花火大会の一つに数えられる。

花火大会の発祥は1925（大正14）年。第1次世界大戦や関東大震災後の不況下で人々の心が沈んでいたとき、土浦市文京町にあった神龍寺の秋元梅峯住職が「華やかな花火で都会の客を呼び込み街を活気づけよう」と大会開催を発案。戦争などで亡くなった人たちの慰霊も込めた。

10月第1土曜日に行われ、会場は通称・土浦学園線が桜川に架かる大橋付近。見物客は実行委発表で70万～80万人。60前後の業者が出品し、約2万発を打ち上げる。スターマイン、10号玉、創造花火が、澄んだ秋の夜空を焦がす。目玉の一つが大会提供の「ワイドスターマイン土浦花火づくし」。その壮大な迫力に圧倒され、しばし言葉を失うほどだ。

問合せ先　土浦市観光協会　TEL：029-824-2810

阿見町

予科練平和記念館

予科練平和記念館の展示室７「特攻」＝阿見町廻戸

お宝マップ
019

戦争の歴史「予科練」を次世代へ伝える施設として、予科練平和記念館は２０１０年、阿見町廻戸《はさまど》に開館した。

予科練とは全国から少年を選抜し、若いパイロットを養成するため、旧海軍が設けた「海軍飛行予科練習生制度」。予科練の教育は１９３０年、神奈川県の横須賀海軍航空隊で始まった。９年後に拠点が同町に移転。全国の予科練教育の中心を担い、阿見は「海軍のまち」として歴史を歩んだ。

予科練には終戦までに24万人が入隊。厳しい訓練を受け、大空を目指した。だが、出征した８割は戦死。太平洋戦争末期には、多くが特攻隊として戦場に送られた。

記念館には９千点を超える遺品や写真が展示されている。展示室は七つ。白を基調とする展示室「心情」は、少年が家族らに宛てた手紙を展示。特攻作戦の悲劇を生々しい音と映像で伝える「特攻」には、戦死した予科練出身者と同じ約１万８千人の光が暗闇に浮かぶ。

問合せ先	予科練平和記念館　TEL：029-891-3344

トラック型のコースで日々行われている競走馬の調教＝美浦村美駒

美浦村

美浦トレーニング・センター

お宝マップ 020

美浦村美駒の美浦トレーニング・センターは、主に日本中央競馬会（ＪＲＡ）が主催するレースへの出走に向けて、常時約２千頭の競走馬（サラブレッド）が日々トレーニングを行っている。これまで、シンボリルドルフ、タイキシャトルなど競馬史に輝く名馬が数多く輩出されている。

同センターによると、かつて競走馬は競馬場で管理運営されていた。昭和30年代に入り、競馬場周辺の都市化が進んだことや競走馬の厩舎《きゅうしゃ》の収容能力に限界が生じてきたことなどから、競走馬の育成・調教に専念する施設の構想が打ち出された。熱心な誘致活動が実り、１９７８年４月、同村に同センターが開場した。

同センターの敷地は約２２４万平方メートルで、二つのトラック型コース、高低差約18メートルの坂路コース（全長１２００メートル）、競走馬用のプールなどを備える。約１００の厩舎があり、騎乗して調教する騎手、馬主から競走馬を預かり管理・調教する調教師、調教師を補佐する調教助手と厩務員ら関係者が競走馬を鍛えている。

問合せ先　美浦トレーニング・センター総務課　TEL：029-885-2111

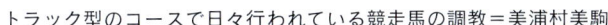

つくば市

筑波山

「紫峰」「筑波嶺」と称される名山・筑波山＝つくば市

お宝マップ
021

標高８７７メートルの女体山と同８７１メートルの男体山の二峰を抱く。「紫峰《しほう》」「筑波嶺《つくばね》」などと称されて親しまれ、日本百名山の一つに数えられる名峰。古くから信仰の山としても広く知られ、常陸国風土記や万葉集にも登場した。

中腹は筑波山神社や大御堂のほか、数多くのホテルが並ぶ県内有数の観光地で、２月に開かれる「筑波山梅まつり」や名物「ガマの油売り口上」も人気を集める。筑波山神社は約３千年の歴史を有する古社で、縁結びや夫婦和合などの神として親しまれている。

登山コースは、男体山頂を目指すコース（御幸ケ原コース）と女体山頂を目指すコース（白雲橋コース、おたつ石コース）に大きく分かれる。山頂連絡路を通り、男体山頂と女体山頂を行き来することもできる。つくばエクスプレス（ＴＸ）開業後は首都圏のハイカーからの人気も高い。初心者でも歩きやすく、親子連れの登山者も多い。ケーブルカーとロープウエーをそれぞれ使い、気軽に登山に挑戦できるのが魅力だ。

問合せ先　つくば市観光物産課　TEL：029-883-1111

板橋不動尊の本堂と三重塔＝つくばみらい市板橋

つくばみらい市

板橋不動尊

お宝マップ 022

「板橋のお不動さん」の呼び名で親しまれる板橋不動尊は関東屈指の名刹《めいさつ》。関東三大不動尊の一つといわれ、１９８８年に創設された北関東三十六不動尊霊場にもなっている。初詣はもちろん、赤ちゃんの初参りや七五三参り、毎月28日の縁日護摩祈祷《きとう》と、多くの参詣者が訪れている。

正式名称は清安山不動院願成寺。真言宗豊山派に属する寺院で、今からおよそ１２００年前、弘法大師空海が開山したとされる。御本尊の不動明王は国指定重要文化財。空海が自ら彫刻したと伝わる。

本堂、三重塔、楼門の三つの建築物は県指定有形文化財。建立はいずれも江戸時代中期。本堂は二重屋根の豪壮な造り。三重塔は極彩色の彫刻が特徴だ。5年前に改修工事を終えた楼門には、力強い姿の仁王像が安置されている。寺は安産祈願としても有名。楼門の裏手には安産守護犬が祭られている。

つくばみらい市板橋２３７０。常磐自動車道谷和原インターから車で10分。

問合せ先　板橋不動尊　TEL：0297-58-1014

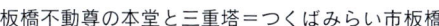

牛久市

牛久大仏

お宝マップ
023

全長１２０メートルの大仏さま。初めて目にすれば、その威容に誰しも「おぉ」と見上げてしまう。ブロンズ製の立像としては世界一の高さを誇り、ギネスブックにも登録された。

１２０メートルは阿弥陀《あみだ》仏の光明を12の功徳に分けてたたえる「十二光」にちなむ。顔の長さだけで20メートルあり、重さは４千トンにもなる。

大仏は浄土真宗東本願寺の霊園に立つ。完成したのは１９９２年11月。内部は５階建てで、地上85メートルの展望台からは東西南北が見渡せる。大仏の足元には約１ヘクタールの花畑が広がり、リスやウサギと触れ合える小動物公園もある。

恒例となったお盆の追悼法要「万燈《まんとう》会《え》」は、並べられた数千個の灯籠に灯がともり、訪れた人が手を合わせて先祖に思いをはせる。

近年話題を呼んだのは、12月31日夜から三が日まで行われる「修正会」。新年のカウントダウンに合わせ、大仏がサーチライトや色とりどりの光に照らされる。新年を迎えると花火が一斉に打ち上がり、その迫力は見る者を圧倒する。

全長120メートルを誇る牛久大仏＝牛久市久野町

問合せ先　牛久大仏　TEL：029-889-2931

稲敷市

江戸崎かぼちゃ

お宝マップ 024

「江戸崎かぼちゃ」は稲敷市を中心に生産され、完熟になってから収穫・出荷を行うため、ほくほくとした食感と甘味で消費者から愛されている。食卓に上がる直前まで太陽光を浴びており、栄養価も抜群。２０１５年12月には、「夕張メロン」などとともに、国が地域ブランドとして手厚く保護する「地理的表示保護制度」（ＧＩ）に県内で初めて登録された。

ＪＡ稲敷江戸崎南瓜《かぼちゃ》部会によると、江戸崎かぼちゃは約50年前から栽培。現在、同部会には生産農家30軒が所属する。栽培面積は計約28・5ヘクタールという。加湿に弱いカボチャにとって排水性の高い火山灰層の土は最適だ。また、江戸崎地域は畜産が盛んなため、家畜の堆肥を利用した土作りが品質の高さを支えている。

中村利夫部会長は「厳格な検査体制や品質の管理など今までやってきたことが認められ、ＧＩに登録されたことは素直にうれしい。生産者の高齢化が進んでいるので、今後は若い世代を育てて、活性化につなげたい」と話す。

水洗いされ出荷を待つ「江戸崎かぼちゃ」＝稲敷市

問合せ先　ＪＡ稲敷中部支店　TEL：029-892-6645

河内町

河内のお米

お宝マップ
025

品質の高さが評判の河内米＝河内町源清田

河内米は、県南地域有数の穀倉地帯として知られる河内町で生産されるコシヒカリなどの呼び名で、ねっとりとして甘味の強さが特長だ。度重なる利根川の氾濫で肥沃《ひよく》になった大地と、温暖湿潤な気候が高品質の米を育んでいる。

町経済課などによると、河内地域の利根川流域には江戸時代、いくつもの河岸があり、作られた米は水路で江戸に運ばれた。同地域は「江戸の台所」とも呼ばれていたという。河内米の質の高さは有名で、２０００年には町内のブランド米が皇室献上米にも選ばれている。

町は現在、河内米のさらなる浸透を狙い、町で収穫された良質米を「河内米」として売り出す戦略を取り、ＰＲに力を入れる。さらに、新たな米需要の拡大などを目指し、町内では米をゲル状にした食品素材「米ゲル」の大量生産拠点の整備も進められている。

河内米は町内全５小中学校の給食にも提供。子どもたちからは「おいしくて、町の誇り」などの声が上がるほど愛されている。

問合せ先	河内町経済課　　TEL：0297-84-2111

利根町

利根川の桜並木

お宝マップ 026

春には姿を見せる「桜のトンネル」＝利根町布川

利根町布川の利根川堤防上に、約８５０メートルにわたって２列のソメイヨシノが植えられている。

春には「桜のトンネル」が姿を現し、多くの町民を楽しませる。近年は「さくらまつり」として、ライトアップなどが行われており、桜の名所として名を高めている。

町によると、「利根町に名所を」との取り組みの中で、「桜堤」を整備することになり、２００４年11月から翌05年３月にかけて、植樹された。現在は１８３本が植えられ、桜の木一本一本に町民の「オーナー」がいる。

町で草刈りや除草などを行っているほか、オーナーたちが結成した「桜づつみ保存会」の活動も活発化。定期的に手入れなどを行っていく方針という。

同会の三谷博会長は「植樹から10年以上がたち、幹回りも80センチと太いものが出てきた。土手の平らな場所に２列の桜という状況は珍しく、ここでしか見られない景色がある。今後も大切に見守っていきたい」と話した。

問合せ先 利根町都市建設課　TEL：0297-68-2211

龍ケ崎市

たつのこやま

たつのこやまに整備された遊具で遊ぶ子どもたち＝龍ケ崎市中里

お宝マップ 027

龍ケ崎市で最も高い標高41メートルの人工の山がたつのこやま（同市中里）。空気の澄んだ晴れた日に頂上に立つと、富士山や筑波山、スカイツリーなどを見渡すことができるほか、全長30メートルの滑り台などもあり、子どもから大人まで楽しめる憩いの場となっている。

市施設整備課によると、たつのこやまは市内のニュータウン開発で切り開いた土地の土を運んで造った。その量は10トンダンプ約1万5千台分という。オープンは１９９４年。「龍ケ崎の子どもたちの山」などの思いを込めて名付けられた。

２０１５年3月には、中腹に大型遊具「まいりゅうのしっぽ」がオープン。アスレチックや滑り台などではしゃぐ子どもたちの姿が見られるようになった。

山の麓には野外ステージもあり、年間を通じてイベントを開催。春先の「さくらまつり」には、約5千人が訪れ、にぎわう。

たつのこやまが完成して20年以上。現在は散歩コースとしても利用されるなど、市のランドマークとしてすっかり定着している。

問合せ先　龍ケ崎市施設整備課　TEL：0297-64-1111

取手市
利根川

取手の名物として長年親しまれている「小堀の渡し」＝取手市の利根川

お宝マップ
028

利根川は関東地方を流れる1級河川で、県内では古河市から神栖市にかけての約１３２キロにわたって、主に本県と千葉県を隔てる形でその雄大な姿を見せている。

江戸時代は橋がなかったため、川岸には旅人たちの拠点として宿場町が栄えた。水戸街道が通った取手もその一つ。千葉県側へ渡る橋が初めて架かったのは１９３０年のことだ。

「小堀《おおほり》の渡し」は、利根川の南側で茨城の住所を持つ取手市小堀地区と、茨城県側をつなぐ渡し舟。もともとは取手市と陸続きだったが、蛇行していた利根川の流れを直線状に変える工事を行ったところ、小堀地区が川の南側に分断される形となった。

当初は住民が渡し舟を通し、その後、67年に取手町営で運航されるようになった。当時は通勤や通学などで利用する人々で大いににぎわったという。

99年からは市営の循環バスが運行されるようになり、主な役割は観光へと変わったが、今でも地域に深く根差し、愛されている。

問合せ先　取手市水とみどりの課　TEL：0297-74-2141

守谷市

つくばエクスプレス

お宝マップ 029

都心への新たな大動脈として連日多くの利用者を運んでいるＴＸ＝守谷駅

つくばエクスプレス（ＴＸ）はつくば市と東京都千代田区（秋葉原）を結ぶ鉄道。２００５年に開業し、都内への通勤などに利用され、県南部の人の流れを大きく変えた。列車は快速、通勤快速、区間快速、普通の４種類あり、最も速い快速列車は、つくば―秋葉原間を45分、守谷―秋葉原間を32分でつなぐ。

守谷市内にある駅は守谷駅のみ。関東鉄道常総線と交わり、乗り換えなどで利用する人は多い。

ＴＸを運行する首都圏新都市鉄道によると、守谷駅の２０１５年度乗車人数は１日平均約２万４千人で、同線20駅中５番目、県内では最多を誇る。また、乗務員管理所があり、乗務員全員の勤務地になっているほか、同駅の講習室では、例年同社の入社式や成人式が行われている。

同線開業によって守谷市やつくばみらい市など、沿線はベッドタウンとしての開発も進み、守谷市の場合、人口が５万４０６２人（05年９月１日）から６万５３７２人（16年９月１日）と大きく増加している。

問合せ先	首都圏新都市鉄道　TEL：03-3839-7311

桜川市

真壁のひなまつりと歴史的町並み

お宝マップ 030

さまざまなひな人形が飾られる「真壁のひなまつり」＝桜川市

桜川市真壁地区の町並みは歴史情緒が漂う。江戸時代初期の区画が約４００年前からそのまま受け継がれており、現代の道路と交差する細い路地は当時を忍ばせる。商業で繁栄した城下町の中心部には３００棟以上の見世蔵、土蔵、門などが軒を連ね、１０４棟の登録有形文化財が立ち並ぶ。２０１０年には、国の重要伝統的建造物群保存地区に指定された。

毎年２～３月に「真壁のひなまつり」が開かれ、地元の住民が江戸時代から現代までのひな人形、手作りのつるしびななどを飾る。地元特産の御影石などで趣向を凝らして作ったひな人形も披露され、毎年、１カ月に10万人以上の観光客が訪れる県内最大規模のひな祭りとなっている。

最大の魅力は歴史的町並みとひな人形とのコラボ、そして地元住民の温かいもてなしだ。人形を飾っていたのは当初40軒ほどだったが、現在は約１７０軒までに増えている。ゆっくりとひな人形を楽しめるよう、和やかな雰囲気を大切にしている。

問合せ先　桜川市商工観光課　TEL：0296-55-1159

筑西市

下館祇園まつり

お宝マップ 031

大神輿が勇壮に練り歩く下館祇園まつり＝筑西市丙

筑西市最大の祭りで、市内外から大勢の人出でにぎわう下館祇園まつり（羽黒神社夏季大祭）。「明治神輿《みこし》」「平成神輿」「女子神輿」の大神輿3基をはじめとした神輿三十数基が、毎年7月最終木曜から4日間、同市甲（大町）の羽黒神社を起点に下館駅前通りなどを練り歩く。

最終日の早朝、市内を流れる五行（勤行）川で行われる祭りのクライマックスが「川渡御」。各町内を巡って集めた厄を、川の中で神輿をもむことで流し清める神事で、勇壮な担ぎ手の姿と舞う水しぶきが観衆を魅了する。

重さ1トンある明治神輿は1895年、日清戦争の戦勝祝いに造られ、胴に日章旗と軍艦旗の彫刻が施されているのが特徴。平成神輿は重さ2トン。明治神輿の老朽化に伴い1992年に造られ、毎年担ぎ出される神輿としては日本最重量を誇る。女子神輿は77年に造られ、女性だけで担ぐ。

3基の大神輿は普段、しもだて地域交流センターアルテリオ1階に常時展示されている。

問合せ先　筑西市観光協会　TEL：0296-20-1160

結城市

結城紬

お宝マップ 032

日本最古の歴史を持つ高級絹織物の結城紬

結城紬《つむぎ》は日本最古の歴史を持つ高級絹織物で、約40の全工程が手作業で行われる。特に「糸つむぎ」「絣《かすり》くくり」「地機織り」の3工程は1956年に国重要無形文化財、2010年にはユネスコ無形文化遺産に登録された。製品は着物だけでなく、バッグやネクタイ、名刺入れや財布など幅広く展開されている。

使う糸は全て真綿から指先で紡いだもので、世界でも類を見ない。その後、糸の張り具合を細かく調整しながら織り上げることで、柔らかく温かい独特の風合いが生み出される。こうした技法は職人の間で代々受け継がれている。

結城紬の原型は、奈良時代にこの地から朝廷に献上された「絁《あしぎぬ》」とされ、その後「常陸紬」と呼ばれるようになった。鎌倉時代になると関東の武士に好まれ、結城地方が生産の中心となっていった。

室町時代には幕府に献上され全国的に有名になり、結城紬と呼ばれるようになった。江戸時代に出版された百科事典で最上品の紬として紹介されている。

問合せ先　結城市商工観光課　TEL：0296-34-0421

下妻市

砂沼

砂沼の東側にある桜の名所「観桜苑」。ソメイヨシノなど約50種350本が花見客を誘う＝下妻市下妻丙

お宝マップ 033

砂沼は「茨城百景」にも選定された農業用ため池で、水田のかんがい用水として利用されている。渡り鳥が飛来し、美しい夕景は市民の心を和ませる。周辺は「砂沼広域公園」としてプールやテニスコート、野球場などが整備され、下妻市の観光拠点の一つ。約6キロの遊歩道はジョギングやウォーキングを楽しむ人の姿が多く見られる。

遊歩道には約１０００本の桜が植えられ、春には美しい景色をつくり出す。砂沼の東側に「観桜苑」と名付けられた桜の名所がある。５ヘクタールを超える広大な敷地にソメイヨシノをはじめ約50種３５０本の桜が植えられ、シーズンには多くの花見客が訪れる。

苑内には抹茶などが楽しめる砂沼庵、季節になると約3万本のショウブの花が咲き競う湿地植物コーナーがあり、散策するにはもってこいの場所だ。

毎年3月末から4月初めにかけて「桜まつり」が開かれ、期間中は桜のライトアップや行灯《あんどん》がともされ、幻想的な夜桜風景を堪能できる。

問合せ先　下妻市商工観光課　TEL：0296-43-2111

八千代町
ハクサイ

お宝マップ
034

おいしい野菜、果物に恵まれた八千代町。その農産物を代表するのがハクサイだ。生産量日本一を誇り、広々とした畑一面に青々としたハクサイが並ぶ光景は壮観の一言に尽きる。

秋冬ハクサイは10月から3月まで収穫され、霜に当たった葉が甘みを出す。3月から5月まではトンネル栽培の春ハクサイが出荷される。みずみずしくて生のままでも食べられるのが特徴だ。

一日の寒暖差が大きいこの地域ならではの気候が、おいしいハクサイを栽培するのに適しているという。産地を維持発展させるために後継者育成にも力を注いでいる。

この町の特産品を生かそうと、ハクサイプロジェクトの一環として誕生したのが「白菜キムチ鍋」。町のハクサイと県内産の豚肉をたっぷりと使ったキムチ鍋は、町内の飲食店で食べることができる。その店ごとに味を工夫したオリジナル鍋を食べ歩くのも楽しい。ジューシーな「白菜メンチカツ」も商品化され、人気を呼んでいる。

寒暖の差がおいしいハクサイを育てる＝八千代町

問合せ先　ＪＡ常総ひかり　TEL：0296-30-1211

古河市

ネーブルパーク

お宝マップ
035

ネーブルパークのアスレチック広場＝古河市駒羽根

茨城では西端だが、関東地方としてみればほぼ中央に位置する古河市。「関東のへそ」を標榜《ひょうぼう》しており、そこから「ネーブル（へそ）」が公園名に冠された。地下迷路のあるアスレチック広場やバーベキュー広場など、広大な敷地約18ヘクタールに子どもの遊び場が満載。親子で一日楽しめる場所として高い人気を誇る。

0〜3歳児向けの子育て広場「ヤンチャ森」は母親同士の情報交換の場として好評。ポニー種の馬を飼育する「ポニー牧場」は乗馬を体験できる。親水スペース「大地の広場」は円すい形の石の噴水を中心に、水が渦巻き状に流れる小川が特徴。夏になると、水遊びに興じる子どもたちの歓声がこだまする。ミニＳＬの運行も人気を得ている。

園内は四季折々の花が楽しめ、近年は八重桜の植樹に力を入れて「古河桜まつり」の会場になっている。秋最大のイベント「古河菊まつり」の会場でもあり、10月下旬から11月下旬にかけて、愛好家が丹精込めて育てた１０００鉢以上の菊が展示される。

問合せ先　ネーブルパーク　TEL：0280-92-7300

「豊田城」で知られる市地域交流センター＝常総市新石下

常総市

地域交流センター「豊田城」

お宝マップ 036

常総市新石下の市地域交流センターは、天守閣の形をした市の複合施設。高さは48・５メートル。「豊田城」の名でも知られ、常総市のランドマークとして、地域の人々に親しまれている。

同センターは１９９２年10月開館。中世から戦国時代にかけ、この地方を治めた豊田氏の居城にちなみ、合併前の当時の石下町が22億円を投じて建設した。豊田氏の豊田城に天守閣はなかったものの、シンボル的な施設を造ろうとのアイデアから模擬天守ができた。

建物内部には１１００人収容のホールや図書室がある。天守閣の３階から６階は展示室になっている。展示室は石下町の歴史や地元ゆかりの歌人・長塚節を紹介するコーナーなどで、２０１６年11月時点ではリニューアルを控えて休館している。市によると、改修工事は同年度から３カ年を予定し、既存展示品の電子データ化を行うほか、子育て世代の交流拠点として再整備する予定。２０１５年の大規模水害では一時、避難所にもなった

問合せ先　地域交流センター　TEL：0297-42-0169

坂東市

ミュージアムパーク県自然博物館

お宝マップ 037

本館入り口に展示された「松花江マンモス」の巨大な骨格標本＝坂東市大崎

子どもから高齢者まで世代を超えて楽しめる生涯学習施設が、坂東市大崎のミュージアムパーク県自然博物館だ。広大な敷地約15・8ヘクタールには多くの野鳥が飛来する菅生沼や里山があり、館内で学んだ知識を野外施設ですぐに体験できる。

3階建て本館のシンボル展示は、体長9・1メートル、高さ5・3メートルのマンモスと世界最大級の草食恐竜ヌオエロサウルスの骨格標本、〝生きた化石〟とも呼ばれる巨大樹木メタセコイアの三つ。2階では①進化する宇宙②地球の生い立ち③自然のしくみ④生命のしくみ⑤人間と環境—をテーマに常設展示があり、標本や映像を通じて興味深く学べる。

1階のディスカバリースペースでは、本県の動植物や地学の展示が並ぶ。企画展は春、夏、秋の年3回開催され、時宜に適したテーマで人気を呼んでいる。

1996年11月の開館以来、来場者は年々増加。2016年5月には950万人を突破した。リピーター率は約7割に達している。今後、圏央道の開通で県内外から一層の来場が見込まれている。

問合せ先　ミュージアムパーク茨城県自然博物館　TEL：0297-38-2000

境町
さしま茶

さしま茶の新茶まつりで茶摘み体験を楽しむ参加者＝境町

お宝マップ
038

境町はさしま茶の産地の一つ。坂東、古河、常総、八千代、境の５市町の生産者らでつくるさしま茶協会によると、５市町の作付面積は計１００ヘクタール以上、年間２００〜３００トンを生産する。深蒸し製法が主流で、濃厚でこくのある味と豊かな香りが特徴だ。

産地として確立させた功績者の一人が、江戸時代末期の豪農、中山元成。天保の大飢饉《ききん》後、農民の困窮を救うために生産を奨励して販路拡大に尽力。日米修好通商条約締結後は外商と交渉し、１８５９年、日本茶最初の輸出に成功した。

販売は関東近郊が中心だが、２０１６年８月からは西アフリカのニジェールに向けて茶葉の輸出が始まった。現地ではビタミン補給のため、焙煎《ばいせん》した緑茶に砂糖を入れて飲む習慣がある。同協会は「輸出により国内でもさしま茶への関心が高まれば」と期待する。

産地では小学生が茶の知識を競う「Ｔ―１グランプリ」、試飲や販売が行われる「新茶まつり」を実施。産地内外に向け、さしま茶のＰＲ活動に力を注ぐ。

問合せ先

さしま茶協会（事務局：境町農業政策課）
TEL：0280-81-1310

地域の農産物の販売拠点となっている道の駅ごか＝五霞町幸主

五霞町

五霞の農産物と道の駅

お宝マップ
039

　道の駅ごかは2005年4月、五霞町幸主の国道新4号沿いにオープンした。コメや野菜など地域の豊かな農産物と、これらを素材にした加工品を直売し、情報発信の中核を担う。

　15年3月には南側の隣接地に、首都圏中央連絡自動車道（圏央道）五霞インターチェンジが開通。地域の活性化で果たす同施設の役割は、ますます大きくなっている。

　敷地面積は約2万平方メートル。商品販売コーナー、農産物直売所、飲食コーナーとレストランを備え、インフォメーションセンターが併設されている。

　運営するのは第三セクター、五霞町まちづくり交流センター。町と地元農協、工業クラブ、商工会が出資して設立された。15年度の利用者数（レジ通過者数）は約80万5498人に上る。

　近年は、地元特産のサトイモ「八頭」を使ったコロッケや雑炊、ポタージュスープ、地元産ソバを使ったそば焼酎「川霞」の販売拠点として、存在感を示している。

問合せ先	
	道の駅ごか（五霞まちづくり交流センター）　TEL：0280-84-1000
	農産物直売所「わだい万菜」　TEL：0280-84-1089

鉾田のメロン

鉾田市

春メロンを収穫する農家。生産量は日本一を誇る＝鉾田市内

お宝マップ 040

鉾田市が日本一の生産量を誇るメロン。1963年ごろ、サツマイモや落花生に替わる作物としてプリンスメロンを試作したのが始まり。贈答品として瞬く間に爆発的な人気を集め、地域一帯に栽培が広まった。温暖な気候と太平洋の潮風、水はけの良い肥沃《ひよく》な大地が栽培に適していた。

77年ごろにはアンデス、アムスの網目系メロンが栽培の主力になり、82年に旧旭村が県銘柄産地指定の第1号となった。ただ、ビニールハウス栽培は温度管理が大変で、生産者の高齢化を背景に葉物野菜などへ転換する農家が多くなった。

それでも耕作面積約527ヘクタールを誇り、アンデスやクインシーなど年間1万5千トン以上を出荷。メロンを使った菓子はサブレやようかんがあり、市内農家が独自に商品化したメロンバウムクーヘンも人気だ。JAや観光農園でメロン狩りも行われている。

2016年6月の全国メロンサミットでは産地間連携の一つとして「メロンの日」を制定。県内産地は「6月6日」に統一された。

問合せ先　鉾田市観光協会　TEL：0291-33-2111

行方市

北浦と西浦の恵み

ワカサギなどの魚を網で引き揚げる漁師＝行方市沖の北浦

お宝マップ 041

北浦と西浦（霞ケ浦）という二つの大きな湖に挟まれた行方市は「弐《に》湖《こ》の国」とも呼ばれ、水の恵み、大地の恵みに育まれた豊かな食にあふれている。

両湖では古くから漁が盛んで、中でもワカサギは江戸時代に麻生藩から将軍徳川家斉へ献上され、公儀御用達となった。シラウオやコイ、テナガエビも取れ、煮干しやつくだ煮、甘露煮などの加工品も豊富だ。

温暖で実り豊かな行方台地は農業が盛んで、四季を通して60品目以上の農産物を生産。湖畔には水の利を生かした水田が広がり、内陸部は標高30メートルほどの丘陵台地で、火山灰由来の水はけの良い赤土。サツマイモをはじめ、ミズナやエシャレット、レンコンなども全国有数の出荷量を誇る。

常陸国風土記にも記述があるこの地では、湖岸から筑波山などを望む美しい景観も魅力。きたうら広域漁業協同組合の海老澤武美組合長は「古くから水の恵みに生かされてきた。食べ物も豊かで気候も温暖。人間も穏やかで都会にない魅力がある」と笑顔で話す。

問合せ先　行方市政策秘書課　TEL：0299-72-0811

鹿嶋市

鹿島神宮

厳かな雰囲気が漂う鹿島神宮。奥は楼門＝鹿嶋市宮中

お宝マップ 042

常陸国一之宮の鹿島神宮（鹿嶋市宮中）は、全国各地にある鹿島神社の総本宮として広く信仰を集め、多くの参拝者が訪れる。香取神宮（千葉県香取市）と息栖神社（神栖市）とともに東国三社と称される。

鹿島神宮によると、創建は神武天皇が即位した皇紀元（紀元前660）年。祭神、武甕槌大《たけみかづちのおお》神《かみ》は武神として各時代の武家などから崇敬を受けてきた。

境内には国重要文化財の楼門や本殿、仮殿のほか奥参道を進むと奥宮《おくのみや》がある。要石や鹿園、御手洗《みたらし》池も見どころ。鹿島神宮樹叢《じゅそう》には巨大なスギが生い茂る。

祭典は年間90以上行われている。中でも鹿行地方に春の訪れを告げる3月9日の祭頭祭《さいとうさい》は囃《はやし》人《びと》が樫《かし》棒を組み鳴らして練り歩くさまが勇壮。例祭や神幸祭《じんこうさい》などを行う9月1、2日の秋の祭典と並び最大規模を誇る。

鹿島神宮は戦国時代の剣豪・塚原卜伝《ぼくでん》とも縁が深い。卜伝は神宮神職の卜部《うらべ》吉川家に生まれ、後に塚原家の養子となった。鹿嶋市の鹿島新當《しんとう》流は卜伝を流祖とし、技を伝承している。

問合せ先	鹿島神宮社務所　　TEL：0299-82-1209

潮来市

水郷潮来あやめ園

お宝マップ 043

アヤメ科の花が咲き誇る水郷潮来あやめ園＝潮来市あやめ

面積約1・3ヘクタールの水郷潮来あやめ園は毎年5月下旬から約1カ月間にわたり開催される「水郷潮来あやめまつり大会」の会場。期間中、園内はアヤメやハナショウブ、カキツバタなどアヤメ科の花約500種100万株が咲き誇り、紫や白、黄色などで染まる。情緒豊かな水郷を満喫できる屈指のスポットで、約80万人の観光客が訪れる。

まつり期間中は〝潮来花嫁さん〟と親しまれる「嫁入り舟」や「あやめ踊り」「ろ漕《こ》ぎ舟遊覧」など、水郷ならではのイベントを開催。特に、娘船頭が操る伝統のろ漕ぎ舟遊覧は人気で、水面をゆっくり進む舟上から前川に架かる十二橋など初夏の水郷風景を楽しむことができる。

園内には、潮来の名を全国区にした歌手の橋幸夫さんのヒット曲「潮来笠」や花村菊江さんの「潮来花嫁さん」の記念碑もある。

水郷潮来観光協会の高塚悌司会長は「潮来を世に送り出したのは歌とあやめ園。あやめ園には潮来の人たちの心と在り方が反映されている」と語る。

問合せ先	潮来市産業観光課　TEL：0299-63-1111

神栖市

神栖のピーマン

お宝マップ
044

出荷量日本一を誇る神栖市のピーマン。終戦直後の１９４８～49年ごろ、米軍から支給されたカリフォルニアワンダーという品種を栽培し、横須賀の港から木箱で出荷したのが始まりとされている。

　同市のピーマンは、夏は涼しく冬は暖かな気候と栽培に適したさらさらとした砂質土で水はけの良い土壌に恵まれ、年間を通して旬のものを出荷できるのが特徴の一つ。ピーマンといえば、独特のにおいや苦みを持つ印象があるが、近年は品種改良が進み、癖が少なく生でも食べられる品種も増えてきている。

　また、最近ではピーマンを使った食品やスイーツも次々に生み出され、注目を集める。細かく切った同市産のピーマンが入ったメンチカツ「神栖メンチ」や、赤ピーマン・青ピーマンをうどんに練り込み乾麺にした「うどっぴ～」のほか、サブレやあめなどの加工品も開発され、市特産品に認定されている。いずれも苦みを抑えつつピーマンの豊かな風味が味わえると好評だ。

集出荷場に山積みにされた色鮮やかな春ピーマン
＝神栖市知手中央

問合せ先　神栖市農林課　TEL：0299-90-1008

いばらきセレクション125ロゴマーク

「なにかが生まれる　期待感を表現」

「いばらきセレクション125」のロゴマークを制作したのは札幌市立大学デザイン学部デザイン学科の学生、堀田蕗《ろ》敏《びん》さん。卵が茨城県の地図の形にひび割れ、「なにか生まれそう」という期待感を表現した。

色彩的には白地にオレンジ、黄色を基調としたかわいらしいデザイン。堀田さんは「茨城の形をデフォルメし、卵の殻の一部にしました。卵の殻が割れている様子から、なにかが生まれそう、始まりそうな期待感を表現しました」とデザインコンセプトを説明した。

全県枠・一般票

いばらき
セレクション
125

鵜の岬と国民宿舎

海面から約12メートルの断崖絶壁にあるウミウ捕獲場＝日立市十王町伊師

お宝マップ
045

日立市北部にある伊師浜海岸は日本の白砂青松百選に選ばれ、全国唯一のウミウ捕獲地や、１９８９年度から国民宿舎利用率全国1位を続ける国民宿舎「鵜《う》の岬」などがある。

ウミウ捕獲場は国民宿舎の遊歩道先にある。約90メートルのトンネルを抜けると、海面から約12メートルの断崖絶壁に造られた幅約3メートル、長さ約12メートルの「鳥屋《とや》」で捕獲が行われる。捕獲したウミウは岐阜県長良川の鵜飼いなど11カ所に供給。２００５年から捕獲に支障のない時期（1〜3月、7〜9月）に一般公開している。

国民宿舎は97年に8階建ての新館が完成。客室58室、レストラン、大広間、会議室に太平洋を一望できる展望温泉大浴場を備える。恵まれた自然環境、県産品を使った料理、アットホームなサービスが支持されている。

日立市立十王中学校の「十王鵜鳥舞」は、旧十王町の合併を契機に始まったオリジナル芸能。プロの芸能集団の指導を受け、生徒たちのアイデアを取り入れ完成。鵜飼いや十王の名の由来などが盛り込まれている。

問合せ先	日立市観光物産課　　TEL：0294-22-3111

凍みこんにゃく

お宝マップ 046

畑に敷き詰めたわらに並ぶ「凍みこんにゃく」＝大子町袋田

厳冬期の奥久慈の自然を生かした伝統的な保存食品。厚さ約5ミリ、はがき大に切り分けたこんにゃくを屋外に1枚ずつ並べて夜間に凍らせ、天日でゆっくり解凍。そこに水をかけてまた夜間に凍らせ、日中に溶かすという手間のかかる作業を繰り返して製造する。

次第に、水分が抜けてすっかり乾燥すると、色合いも灰色から白色に変化、スポンジ状になって仕上がる。保存状態によっては、数十年も長持ちする。

こんにゃくの主成分、グルコマンナンは便秘解消や血糖値、血中コレステロールの低下に効果があるといわれ、食物繊維たっぷりの健康食品。煮物やてんぷら、フライ、炒め物などの料理で、おいしく味わえる。

古くから奥久慈地域はコンニャク栽培が盛んで、江戸時代には水戸藩の専売品として、藩の財政を支えた。当時の中島藤右衛門がコンニャク芋を粉末にする方法を考案、全国的に栽培されるようになった。凍《し》みこんにゃくも江戸時代から、農閑期の副業として、盛んに作られてきた。

問合せ先　大子町農林課特産品販売室　TEL：0295-72-1128

日立風流物と桜

日立さくらまつりで披露される日立風流物の山車＝日立市の平和通り

お宝マップ 047

日立風流物は日立市宮田地区（旧宮田村）の伝統芸能。高さ15メートルの巨大な山車の上で、源平盛衰記、花咲爺などの人形芝居や妙技が繰り広げられる。山車は旧宮田村の４町がそれぞれ１台ずつ所有し、毎年４月に平和通りで行われる「日立さくらまつり」で１台公開されるほか、７年に１度の神峰神社の祭礼では４町の山車が一堂に出そろう。２００９年にはユネスコ無形文化遺産に登録された。

人形芝居はおはやしに合わせた無言劇で、山車に乗り込んだ操り手約40人によって自在に動かされる。舞台は「表山」と「裏山」の二つがあり、表山の芝居が終わると、人力によって重さ５トンの山車は半回転し、今度は裏山で別の芝居が始まる２本立てだ。

毎年、風流物の舞台となる平和通りにはソメイヨシノ１２８本が立ち並び、かみね公園とともに、１９９０年に「日本のさくら名所１００選」に選ばれた。17年４月には桜によるまちおこしの推進などを目的に「全国さくらシンポジウムｉｎ日立」を開催。

問合せ先　日立市観光物産課　TEL：0294-22-3111

常陸秋そばとつけけんちん

さまざまな味が楽しめるつけけんちん

お宝マップ 111

「常陸秋そば」は常陸太田市金砂郷地区発祥のソバ。良質な味と香りが全国のそば職人から高い評価を受け、そば通の間で絶大な人気を誇る。

金砂郷地区に伝わる在来種を1978年から80年にかけて選抜育成し、収量や粒ぞろいなどが向上。85年に県の奨励品種に採用された。現在県内で生産されるソバはほとんどが「常陸秋そば」。

発祥の地である同市内では、山間地特有の昼夜の気温差が大きい気候と、傾斜地に開墾された畑の土壌を生かし盛んに栽培されている。8月中旬に種をまき、9月中旬には白いソバの花が里山を彩る。毎年11月には「常陸秋そばフェスティバル里山フェア」など、新そばを味わう催しが各所で開かれる。

「つけけんちん」は、けんちん汁にそばをつけて食べる郷土料理。汁は、大根、ニンジン、サトイモ、こんにゃく、豆腐などを炒めてだし汁を入れ、みそやしょうゆで味付けをする。家庭や店ごとにさまざまな調理法や味付けがあり、郷土の味となっている。

問合せ先　茨城県販売流通課（茨城をたべよう）　TEL：029-301-3966

あんこう料理

本県を代表する冬の鍋料理

お宝マップ
049

県内では日立市の久慈漁港や北茨城市の平潟漁港で主に水揚げされる。見た目はグロテスクだが、「食べられないところがない」といわれるほどに骨以外は全て食べられる深海魚。一般的に「東のあんこう、西のふぐ」といわれるほどの高級魚で、あんこう鍋は本県を代表する冬の鍋料理として提供されている。

あんこうの体はぬるぬると滑りやすく、柔らかいため、まな板の上での調理は困難。「つるし切り」という方法でさばく。下顎にかぎ爪を掛けて体内に水を入れ、回転させながら行う伝統の解体法。身、皮、胃袋、肝、ぬの(卵巣)、えら、とも(ひれ)の部位を「七つ道具」と呼ぶ。

味付けは主に4種類。宿泊施設や料理店で出されるポピュラーなみそ味、上品なしょうゆ味。あん肝をたっぷり使った超濃厚なあんこう鍋がどぶ汁。さらにあんこうと野菜の水分だけでスープを作る漁師風どぶ汁は、漁師が船の水を節約し冬場の漁で冷えた体を温めたのが始まりという。他にも共酢あえやしゃぶしゃぶ、唐揚げなどでも提供されている。

問合せ先　茨城県販売流通課（茨城をたべよう）　TEL：029-301-3966

茨城の漆

お宝マップ
050

本県は岩手県に次ぐ全国2位の漆生産地で、大子町と常陸大宮市で採取、常陸太田市でも植栽される。透明度や艶など高い品質を誇り、高級漆器の仕上げ用として使われる。大子町産は筑西市の人間国宝の漆芸家、大西勲さんも使用する。

漆かきは、10年以上育った樹木の樹皮に職人が溝を切り込み、にじみ出る生漆をヘラですくい取る根気のいる作業だ。シーズンは6～9月。最も採取できるのは8月で、良質な盛物《さかりもの》と呼ばれる。木1本からは１５０～２００グラム程度しか取れない。

国産漆は中国産に比べ、品質に優れて評価が高いにもかかわらず、生産量が少なく高価なため、主に高級漆器の仕上げ用に使用されてきた。だが、仏像や神社仏閣など文化財修復に国産漆は不可欠で、需要が急増。このため、大子町ではＮＰＯ法人や愛好家らが漆の植栽に取り組んでいる。一方で、漆かき職人の高齢化が進み、生活も安定しないことから、職人の育成や冬場の生活保障などが求められる。

漆かきをする大子漆保存会の飛田祐造会長

問合せ先　茨城県林政課　TEL：029-301-4026

童謡詩人・野口雨情と生家

「観海亭」と呼ばれた野口雨情生家＝北茨城市磯原町磯原

お宝マップ
051

野口雨情は北茨城市出身の童謡詩人・民謡作詞家で、北原白秋、西條八十とともに、童謡界の三大詩人といわれる。代表作は「七つの子」「赤い靴」「シャボン玉」「証城寺の狸囃子」などの童謡のほか、「磯原節」「須坂小唄」といった新民謡でも知られる。

磯原の海を望むように立つ雨情の生家は、かつて水戸徳川家藩主の御休息所で「観海亭」と呼称され「磯原御殿」ともいわれた名家。15歳で上京するまで自宅で過ごし、東京専門学校（現・早稲田大学）では小説家の坪内逍遥に師事していたこともある。北海道で新聞記者をしていた頃は歌人の石川啄木との交流があった。

63年の生涯の中で、二千余編の童謡を発表し、日本全国をはじめ、当時の樺太や朝鮮、満州、台湾に至るまで多くの地方民謡を作詞。北茨城の磯原の地を紹介した叙情歌「磯原節」は民謡愛好家によって歌い継がれており、JR磯原駅では発車メロディーに「七つの子」を採用している。

問合せ先	北茨城市観光協会　TEL：0293-43-1111

地理学者・長久保赤水

お宝マップ
052

　高萩市出身で江戸時代後期の地理学・儒学・農政学者。伊能忠敬の実測の日本地図より40年以上前に緯線と方角線の入った日本地図「改正日本輿地路程全図」を世に送り出した。

近代地理学の祖といわれる長久保赤水

５０００～６０００の名所や旧跡、城などが記され、諸地図、書籍などを比較・考証して制作した編集図とされる。日本で初の折り畳み式の中国歴史地図帳も作成。２０１４年までに海外６カ国で44点の赤水図が確認されている。

　赤水は儒学の中でも特に朱子学を学び、52歳の時に農民から学問の功績で郷士格(武士)に取り立てられた。61歳で水戸藩主徳川治保《はるもり》の侍講《じこう》に抜てき。死罪を覚悟の上で治保に農民の苦しみを訴える上書「農民疾苦」を提出し、農政・藩政改革を実現させた。江戸小石川の水戸藩邸で80歳まで暮らし、85歳で死去した。

　16年に火星と木星の中間を楕円《だえん》軌道で太陽の周りを回る小惑星に、「Ｎａｇａｋｕｂｏ」の名が付けられた。小惑星は直径約10キロで、地球から最も近づくと約1億キロ、最遠で約４億５０００万キロの距離にある。

問合せ先　高萩市教育委員会　TEL：0293-23-1131

日立の産業遺産

倒壊前の大煙突＝日立市宮田町

お宝マップ
053

　県北第一の都市は、明治時代から鉱業、電気機械産業など「ものづくりのまち」として発展してきた。久原房之助が１９０５年に小さな赤沢銅山を買収して日立鉱山を創業。日本４大銅山にまで急成長させた。煙害対策に建設された大煙突はコンクリート製の高さ１５５・７メートルで当時は世界一だった。93年に一部が倒壊し、３分の１ほどになったが、市のシンボルの一つに変わりない。日鉱記念館は創業80周年記念で日立鉱山跡地に建設。企業の歴史的資料や国内外の鉱石岩石、鉱山機械などを展示している。

　日立製作所の前身は日立鉱山の電気機械修理工場。発祥の地に創業者の小平浪平の志や思いを伝える小平記念館が立つ。遺品や日立製作所の歴史に関する資料、設立のきっかけとなった５馬力誘導電動機（モーター）などを展示。中央の９階建てに相当する展望台からは市内を３６０度見渡せる。

　エレベーター研究搭としては世界一の高さをもつＧ１タワー（ひたちなか市）は、日立製作所のエレベーター技術と製品を生み出すための施設。

問合せ先　日立市観光物産課　TEL：0294-22-3111

花貫渓谷と花園渓谷

お宝マップ 054

北茨城市、高萩市、日立市などにまたがる自然公園の中に位置する渓谷。公園内の多賀山地は花園川、大北川、花貫川が深い峡谷をつくっている。

高萩市を代表する紅葉のメインスポット「花貫渓谷」＝高萩市大能地内

花貫渓谷は花貫川が山地の地表を浸食して出来上がったもので、高萩市を代表する新緑、紅葉のメインスポット。渓谷に向かう途中に見える花貫ダムは「海が見えるダム」として有名で、近くには憧憬の滝、不動滝、名馬里ケ淵《なめりがふち》と美しい景観が続く。大正時代に建設された水路橋は、通称めがね橋と呼ばれる国の登録有形文化財。渓谷に架かる約60メートルの汐見滝吊り橋は川沿いに生い茂る木々がつり橋を包み込むように紅葉のトンネルをつくり出す。キャンプ場やハイキングコースも整備されている。

一方、花園川上流一帯の渓谷が花園渓谷。その奥には自然林に囲まれた猿ケ城《さるがじょう》渓谷があり、花園神社奥の院への入り口には落差約60メートルの七ツ滝、さらに付近にはシャクナゲが群生し、水沼ダムではヘラブナ釣りなども楽しめる。

問合せ先

花貫渓谷：高萩市観光協会　TEL：0293-23-2121
花園渓谷：北茨城市観光協会　TEL：0293-43-1111

東・西金砂神社と大小祭礼

雨の中、水木浜を目指し東金砂神社を出社する大行列
＝2003年3月25日、水府村天下野（当時）

お宝マップ
055

常陸太田市天下野町の東金砂神社は東金砂山、対《つい》をなす同市上宮河内町の西金砂神社は西金砂山のそれぞれ頂上にある。

創建はともに８０６年で、宝珠上人が社殿を造営、祭壇を設け、近江国比叡山の日吉神社の分霊を勧請・祭祀《さいし》したのが起原とされる。東金砂神社の御神木のモチノキは樹齢５００年を誇り、西金砂神社境内にあるイチョウ、サワラとともに県指定天然記念物。

大祭礼は８５１年に始まり、開催されるのは72年に1度。天下泰平や五穀豊穣《ほうじょう》を願って発着地となる西金砂神社と東金砂神社から、それぞれ約５００人の氏子らによる渡御行列が、日立市水木浜までの約75キロを約1週間かけて往復する。その所々で国選択・県指定無形民俗文化財の田楽舞を奉納する。17度目となる前回は２００３年3月22～31日に開かれた。次回は２０７５年。

西金砂神社の小祭礼は、6年に1度開かれる。初めて行われたのは８１５年で、大祭礼と同様に田楽舞が奉納される。

問合せ先	
	東金砂神社　TEL：0294-85-1638
	西金砂神社　TEL：0294-76-9251

茨城最高峰の八溝山

お宝マップ 056

紅葉の見頃を迎えた八溝山

本県と福島、栃木の3県にまたがるようにそびえ、標高１０２２メートルの県内最高峰を誇る。「八溝」の名前は八方に深く谷が刻まれていることに由来する。

清らかな水と豊富な緑に恵まれ、ブナやダケカンバ、ミズナラなどが生い茂り、新緑や紅葉の季節になると、ハイカーらでにぎわう。歩いていると珍しい植物、小動物に出合うこともある自然の宝庫。8合目付近には環境庁の「名水１００選」の一つ、八溝川湧水群があり、「金性水」「龍毛水」「白毛水」「鉄水」「銀性水」と呼ばれる五水は、徳川光圀が命名したといわれ、自然に潤いを与えハイカーの渇いた喉を癒やす。

古くから信仰の山として知られ、中腹には坂東33観音霊場の第21番札所の日輪寺、山頂には、閑静なたたずまいの八溝嶺神社がある。山頂には城を模した展望台があり、３６０度の雄大な眺望が展開する。阿武隈高地をはじめ、日光連山や那須連山などを望め、気象条件により筑波山、富士山まで見えることもある。

問合せ先 大子町観光協会　TEL：0295-72-0285

奥久慈茶

お宝マップ 057

大子町は茶の北限地とされ、昼夜の寒暖の差が激しく、清涼な朝霧に包まれるため、新芽がじっくり育ち、肉厚で味にコクがあり、香りが強いのが特徴。品質本位で1番茶しか採取されず、生産量は少ない。茶葉が厚い分、2度、3度と茶のおいしさが楽しめる。

　歴史は古く、1500年代に左貫地内にあった西福寺の僧が、宇治から持ち帰った茶実をまいたことに始まる。江戸時代後期になり、京都・宇治から茶職人を招き、宇治流の製茶法が導入されたことで広く栽培され、かつては「保《ほ》内《ない》茶」と呼ばれていた。

　伝統的な製茶法「手もみ茶」は、現在でも受け継がれ、茶摘み、蒸し、もみ、乾燥まで手作業。特に焙炉《ほいろ》という台の上で、茶をもむ作業は3時間ほど行われ、仕上がった茶葉は緑が濃い針のよう。機械茶より優れ、高級品として扱われている。

　近年、独自の製法で紅茶も作られ、後味に日本茶のようなさっぱり感がある。

茶の北限地で手摘みが行われる＝大子町左貫

問合せ先　大子町農林課特産品販売室　TEL：0295-72-4250

西塩子の回り舞台

アーチ状の屋根の下で地域住民らが歌舞伎を披露する＝常陸大宮市北塩子

お宝マップ 058

常陸大宮市西塩子地区に伝わる日本最古とされる組み立て式の農村歌舞伎舞台。江戸時代後期の舞台道具などが残り、県の有形民俗文化財に指定される。

１９４５年を最後に中断していたが、貴重な文化財であることが判明。地域住民らで保存会を結成し、97年に復活した。舞台、回り舞台、花道の床板などの部材、舞台背景や各種の幕などの道具を保有し、約1カ月かけて組み上げる。

組み立てに労力を要するため、かつては公演は買い芝居で、公演終了後は舞台に使用した木材を売り、祭礼の費用などにしていた。現在は木材を保存、新たに切り出した真竹３００本を使って組み、間口、奥行き各20メートル、アーチ型の屋根は高さ7メートルに及ぶ壮麗な舞台を完成させる。

公演はほぼ3年おきで、２０１６年の10月15日に大宮公民館塩田分館グラウンドで開催した。児童による常磐津「子宝三番叟」、地元一座の歌舞伎「吉例曾我対面・工藤館の場」のほか、埼玉・秩父歌舞伎などが披露された。

問合せ先

常陸大宮市生涯学習課歴史文化振興グループ
TEL：0295-52-1450

吉田正と音楽のまち

お宝マップ 059

吉田正（1921～98年）は日立市出身の国民歌謡作曲家。生涯作曲数は2400曲を超え、都会的で哀愁漂うメロディーは都会調歌謡（吉田メロディー）と称され、ムード歌謡から青春歌謡、リズム歌謡まで幅広く手掛けた。

代表作は「いつでも夢を」「潮来笠」「恋のメキシカン・ロック」「有楽町で逢いましょう」など。三浦洸一、フランク永井、鶴田浩二、橋幸夫など数多くの有名歌手を育てた。

独学で作曲を覚え、苦しい軍隊生活の中で作った歌が帰国後、「異国の丘」として歌われ大ヒット。以後、音楽を通して多くの人たちの心を和ませ、夢や希望を与えた。死後、国民栄誉賞を受賞し、日立市名誉市民として顕彰されている。

音楽界の基礎を築いた吉田正の功績を後世に伝えるため、2004年に開館した吉田正音楽記念館。吉田メロディーの歩みを紹介するとともに、吹き抜けの壁には690枚のレコードジャケットを展示。門下生のレッスンに使用したピアノや愛用のギター、時計なども並べている。

690枚のレコードジャケットが展示された館内＝日立市宮田町

問合せ先　吉田正音楽記念館　TEL：0294-21-1125

奥久慈しゃも

お宝マップ
060

奥久慈・大子町の自然の中で、穀物や青菜などを与えられ、十分な運動をさせて、野生的に育てられる。肉質は、低脂肪でしっかりとした歯応えがあり、豊かな味わいがある。肉のうま味が濃いといわれ、都内の料理人から指定買いされるほど評判を集める。

元来、闘鶏用の品種だったシャモと名古屋コーチン、ロードアイランドレッドを掛け合わせ、県養鶏試験場の技術協力で誕生した。生産組合によって、一定の技術指標の下、飼料に至るまで一貫して管理・飼育され、品質の高さを保持している。

奥久慈の杉の間伐材を利用した鶏舎で、4～5カ月の飼育日数をかける。雄は１２０日で2・6キロ、雌は１５０日で2・1キロ程度の大きさだ。こうした丁寧な飼育が、締まりある深い味わいを生む。「全国地鶏味の品評会」で1位になったこともある。焼き鳥、親子丼も美味。卵も味が濃く、ご飯にかけると、シンプルながらも豊かな味わいだ。

奥久慈しゃもの肉と卵を使った親子丼

問合せ先　大子町農林課特産品販売室　TEL：0295-72-4250

西ノ内和紙

お宝マップ 061

西ノ内和紙をすく和紙職人＝常陸大宮市舟生

国の選択無形文化財に指定される常陸大宮市の伝統的な和紙。奥久慈で栽培されるコウゾを原料に、美濃の国から伝わった「流しすき」で作られる紙質は、目が細かく破れにくいのが特徴だ。

水にぬれても文字がにじまず、虫害にも強いため、保存に適している。このため、江戸時代には水戸藩の専売品として、商家の帳簿である大福帳に用いられ、徳川光圀が編さんした「大日本史」にも使用されている。

明治時代に入り、西洋紙が導入され、和紙の需要が減少する中、衆院選挙で選挙人名簿や投票用紙に指定。大正時代末期まで使われた。太平洋戦争では風船爆弾用の紙にもなった。

現在でも「紙すき」が行われ、誰でも体験可能で、持ち帰ることができる。自分だけのオリジナル作品は最高の思い出の品になっている。同市舟生の国道118号沿いに、資料館を兼ねた販売所「紙のさと」がある。ストラップや箸置き、小物入れなどが販売され、土産として人気がある。

問合せ先　常陸大宮市観光協会　TEL：0295-52-1111

月待の滝

風情のある月待の滝。水にぬれずに滝の裏側に入れる＝大子町川山

お宝マップ
062

久慈川の支流、大子町の大生瀬川が高さ17メートルから流れ落ちる。滝裏の岩盤が大きくえぐられているため、水にぬれることなく裏側に入り込むことができ、「くぐり滝」「裏見の滝」などとも呼ばれる。

通常は2筋に落ちる〝夫婦滝〟で、水量が増えると3筋の〝親子滝〟となる。珍しい形状から、古く安産や子育て、開運を祈る二十三夜講（二十三夜の月の出を待って、女性や子どもが集う）の場とされたため、「月待ち」の名が付き、胎内観音が祭られる。

滝によるマイナスイオンが多く発生。身体に最適な環境は新陳代謝を促し、気分爽快になり、母親の胎内にいるような気になるともいわれる。時間帯、水量によって、自分の影を囲む丸い虹のような現象を見ることもできる。

水の落下地点が浅く、夏場は〝滝行〟をまねる観光客らもいる。秋は周囲の樹木が紅葉、駐車場からの散策が楽しい。冬に氷瀑することもあり、荘厳な雰囲気を漂わせる。

問合せ先　大子町観光協会　TEL：0295-72-0285

北茨城の御船祭

巨大木造船が陸上渡御する常陸大津の御船祭＝北茨城市大津町

お宝マップ 063

北茨城市の大津港周辺で5年に1度行われる「常陸大津の御船祭」。海上安全と大漁祈願の信仰を集める大津地区の佐波波地祇《さわわちぎ》神社の大祭で、全長15メートル、幅4メートルの巨大木造船にみこしや宮司、はやし方などを乗せて陸上をえい航する。

重さ7トンの巨大船の船べりに手足を掛けた40人ほどの若衆が船を大きく左右に揺らすとともに、住民や氏子ら約５００人が長さ２００メートルの綱を威勢よく引っ張ることで船の動力を生み出している。路上に置かれたそろばんと呼ばれる木枠の上を船が進むが、船が一度に動く距離は20～30メートルである。

御船祭の歴史は古く、８５９年の神社創建後に「潮出お浜下り」として始まったといわれ、現在のような形になったのは江戸時代初期とされている。明治44年のいはらき新聞には「神輿《みこし》は御座船に乗て東町の假殿《かりどの》に渡御」との記述がある。

次回の大祭は２０１９年で、市や市教委などは、現在の国選択無形民俗文化財から国指定文化財への格上げを目標にしている。

問合せ先　北茨城市観光協会　TEL：0293-43-1111

都々一坊扇歌

お宝マップ
064

江戸時代後期に流行した大衆芸能の一つ、都々逸を大成させた。

都々逸は七・七・七・五の26文字を基本とした口語の定型詩。寄席や座敷などでは三味線に合わせ、節をつけて歌う。

扇歌は１８０４年に現在の常陸太田市磯部町に生まれた。江戸で音曲入りの落語を演じていた船遊亭扇橋に師事して稽古に励み、生来の美声と頓知で人気を博した。その人気ぶりは、扇歌が高座に上ると、周囲八丁の他の寄席ががら空きになるほどだったという。

社会情勢を批判した狂句が幕府の不興を買って江戸追放となり、晩年は現在の石岡市に嫁いでいた姉の元に身を寄せた。52年に病没。

石岡市府中5丁目の国指定特別史跡「常陸国分寺跡」には扇歌の墓と、扇歌を祭る「都々一坊扇歌堂」など、常陸太田市磯部町には生誕１５５年を記念して建立された顕彰碑などがある。また常陸太田市では都々逸の保存や普及を目的に、１９８７年から毎年全国大会が開かれている。

都々一坊扇歌の顕彰碑＝常陸太田市磯部町

問合せ先　常陸太田市文化課文化振興係　TEL：0294-72-3201

佐竹寺と佐竹の歴史遺産

国指定重要文化財の佐竹寺本堂＝常陸太田市天神林町

お宝マップ
065

平安時代末期から約４７０年にわたり、現在の常陸太田市を拠点に繁栄した佐竹氏の歴史遺産は県北地域を中心に数多く残されている。

佐竹寺（同市天神林町）は佐竹氏代々の祈願所で、１５４６年に建てられたかやぶき屋根の本堂は１９０６年に国の重要文化財に指定された。

佐竹氏の菩提《ぼだい》寺として知られる正宗寺（同市増井町）は、一族の墓といわれる「宝篋印塔《ほうきょういんとう》」があり、「滝見観音図」など数々の文化財を所蔵する。西光寺（同市下利員町）の国指定重要文化財「木造薬師如来坐像」は平安時代後期の作で、奥州藤原氏が佐竹氏に贈ったとされる。

佐竹氏ゆかりの久米城跡（同市久米町）額田城跡（那珂市額田南郷）石神城跡（東海村石神内宿）などは、優れた遺構が残り多くのファンが足を運ぶ。室町時代に現在の城里町で始まったとされる漆塗りの伝統工芸品「粟野春慶塗」や県北地域に点在する金採掘跡は、領内経営に力を注ぎ、繁栄を支えた佐竹氏の経済力を今に伝えている。

問合せ先　常陸太田市文化課文化振興係　TEL：0294-72-3201

岡倉天心と日本美術院の画家たち

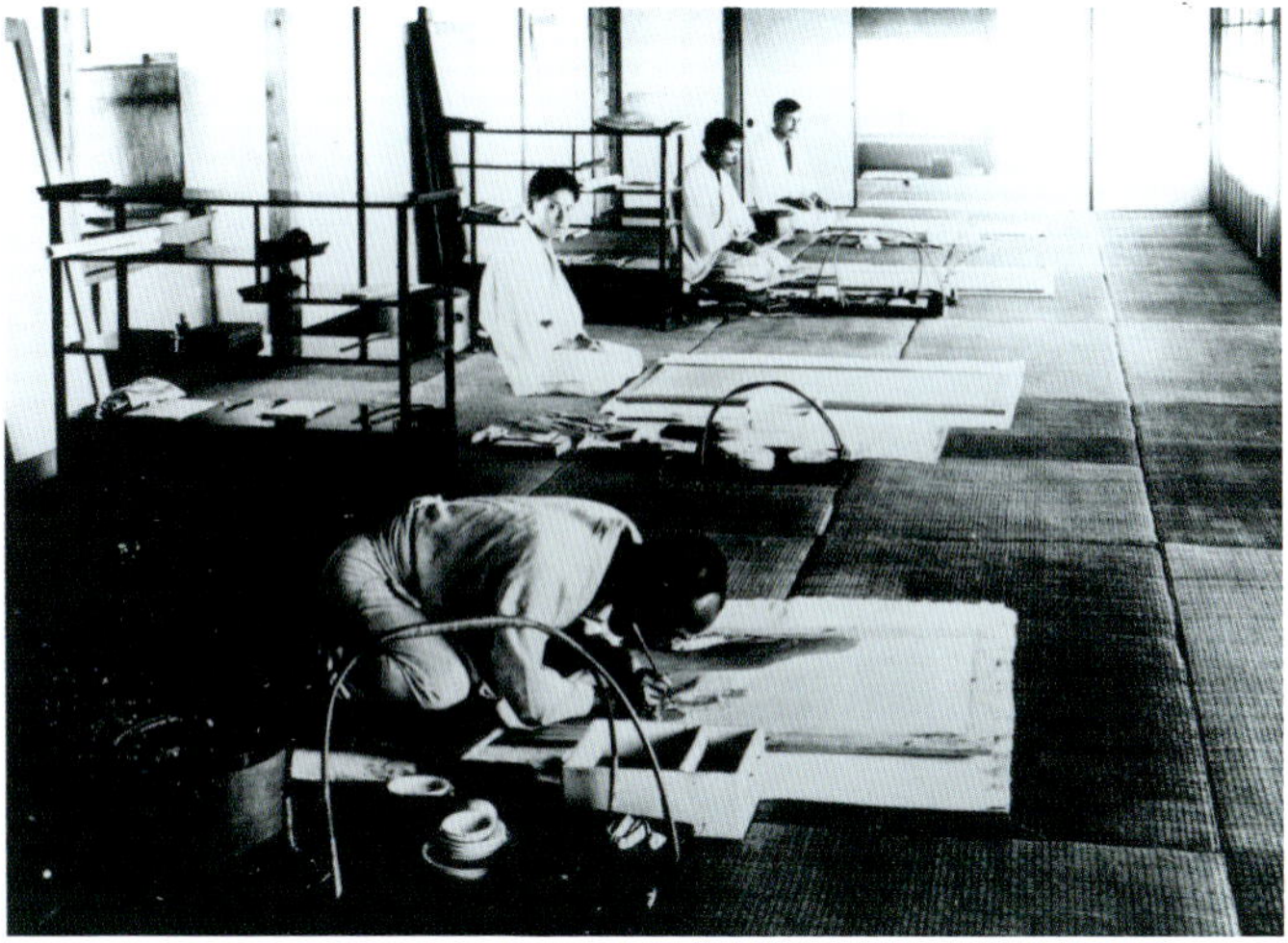

五浦の日本美術院で制作中の画家たち。手前から木村武山、菱田春草、横山大観、下村観山＝1907年

お宝マップ
066

西洋化の荒波が押し寄せた明治期に、美術行政家・思想家として日本の近代美術の発展に大きな功績を残した岡倉天心（本名・覚三、１８６３〜１９１３年）。文化財の保護、東京美術学校や日本美術院の創設に尽力したほか、米ボストン美術館で運営の中枢を担うなど国際的にも活躍した。

晩年には、新たな日本画の創造を図るため、画家の横山大観、菱田春草、下村観山、木村武山の４人と本県・五浦に移り、研さんを積んだ。大観らが挑んだ新表現は、輪郭線のない色面を連続させ、色彩のにじみとぼかしによって構成するもの。日本画とも西洋画ともつかない風合いから、「朦朧体《もうろうたい》」と酷評された。

苦境にあった画家たちだったが、葛藤の日々はやがて実を結ぶ。大観は第３回文展（１９０９年）に、かつて訪れたインドで見た光景を描いた「流燈《りゅうとう》」を出品。明快な色彩や題材の女性の澄んだ美しさが高い評価を得る。その後、大観は近代的な新しい絵画を生みだし、日本画壇の頂点へと上り詰めていく。

問合せ先　北茨城市観光協会　TEL：0293-43-1111

笠間稲荷神社

「笠間の菊まつり」でにぎわう笠間稲荷神社＝笠間市笠間

お宝マップ
067

１３６０年以上の歴史を持つ笠間稲荷神社は日本三大稲荷の一つとして知られる。本殿は江戸時代末期の再建で、周囲に精巧な彫刻が施され、１９８８年に国の重要文化財に指定された。同神社によると、年間３５０万人以上の参拝者が全国各地から訪れる。

かつて、神社一帯にクルミの密林があったことなどから「胡桃下《くるみがした》稲荷」とも呼ばれてきた。創建は飛鳥時代の６５１年と伝わる。

江戸時代に笠間藩主が祈願所として厚くまつったことから、稲荷信仰は民衆にも広がり、城下町は門前町としても発展した。明治維新の神仏分離後、鹿島神宮から社掌（宮司）家が迎えられ、現代の笠間稲荷の基礎が築かれた。

例年、三が日には商売繁盛などを願って約80万人が参拝、門前通りまで人であふれかえる。

また、２０１６年で１０９回目を迎えた日本最古の菊の祭典「笠間の菊まつり」（10～11月）、武家装束姿の射手が馬に乗り矢を放つ「神事流鏑馬《やぶさめ》」（11月）も人気を集める。

問合せ先	笠間稲荷神社　TEL：0296-73-0001

愛宕山

参拝者が天狗にふんした氏子たちに罵声を浴びせ供物を奪い合う奇祭「悪態まつり」＝笠間市泉

お宝マップ
068

なだらかな土地に田畑が広がる笠間市の岩間地区で、ひときわ目立つ〝シンボル〟の愛宕山。山頂付近には創建１２００年以上の愛宕神社があり、毎年12月には奇祭の「悪態まつり」が開かれている。また、山には桜が数多く植えられ、春は花見客でにぎわう。

同神社は創建が平安時代の８０６年と伝えられる歴史ある神社で、日本三大火防神社の一つとされ、信仰を集める。２００２年には高さ約８メートルもある御影石製の大鳥居が完成した。

山には天狗《てんぐ》がすみ、厳しい修行をしていたとの伝説が残り、同神社裏の飯綱神社の後ろには「十三天狗のほこら」がある。毎年12月には天狗姿の氏子が麓から巡行し、参拝客らが罵声を浴びせる悪態まつりが行われてきた。

桜の名所としても知られ、春にはソメイヨシノなど約20種２千本が咲き誇る。標高差のため５月上旬まで花を楽しめる。また、霞ケ浦、涸沼などが望め、晴れ渡った日は太平洋まで見えるという眺望も人気だ。ＪＲ岩間駅から車で10分。

問合せ先　愛宕神社　TEL：0299-45-5637

納豆

健康食品や土産物として親しまれている納豆

お宝マップ 115

「畑の肉」とも呼ばれる大豆を、納豆菌で発酵させた伝統食品。老化などを防ぐポリアミンが豊富なほか、ビタミンやグルタミン酸も多く含み、健康食品としても親しまれている。特に水戸市では、納豆をわらに詰めた「わらつと納豆」が土産品として高い人気を誇る。

納豆は１０８３年、源義家が奥州遠征に向かう途中、水戸市内の屋敷に泊まった際に、わらに包まれた馬の食べ残した煮豆を試食したことから食べられ始めたと伝えられている。明治期には業者が製造販売を開始。駅売りが始まると、「水戸納豆」として全国的に知られるようになった。

現在、県内では約20社が納豆を製造し、県納豆商工業協同組合を組織。水戸駅前には高さ約２メートルのわらつと納豆の像が設置されるなど、シンボル的な存在として定着している。主流の小粒納豆に加え、近年では大粒大豆や黒豆などを原料にした商品のほか、糸引きの少ない商品なども開発されている。

問合せ先

茨城県納豆商工業協同組合（だるま食品内）
TEL：029-221-7068

茨城の石材

稲田石の採掘場となっている石切山脈＝笠間市稲田

お宝マップ
086

笠間市の稲田石や桜川市の真壁石といった高品質の御影石、常陸太田市の寒水石など、本県は石材の産地としても名をはせる。建築物などに活用され、日本の発展を支えるとともに地域経済にも大きく貢献した。

稲田石は１８９０年代、石材業者の鍋島彦七郎が瀬戸内海周辺の石屋を引き連れ、稲田石の採掘を始めたのをきっかけに発展。明治・大正時代には日本橋、東京駅など、戦後は都電の軌道敷石、皇居宮殿、最高裁などに用いられた。

また、真壁石は鎌倉時代初期から室町・戦国時代にかけて造られたとみられる古碑や五輪塔などが数多く残され、この時期が石材業の始めとされる。江戸時代に入ると幅広い用途で利用が広がり、明治時代には迎賓館の造成にも使われた。

寒水石は純白の大理石で、一部にしま模様があり透明感を持つ。偕楽園の「吐玉泉」にも使われるなど、水戸藩の御用石として使用が限られた。明治時代以降は床材や壁材として広く用いられ、国会議事堂の床や階段にも使われている。

問合せ先
茨城県石材業協同組合連合会（真壁石材協同組合内）
TEL：0296-55-2535

水戸黄門

ＪＲ水戸駅前に設置されている水戸黄門像

お宝マップ
070

水戸藩の2代藩主、徳川光圀のことで、「義公」としても知られる。儒学など学問や教育に力を注ぎ、水戸藩の一大事業として彰考館を設置、「大日本史」を編纂《へんさん》して水戸学の礎を作った。藩主時代には寺社改革や蝦夷地《えぞち》探検などを実施。このほか、綱吉の時代には幕政にも影響を与えた。

「白ひげに頭巾姿で諸国を漫遊」「お上の横暴から町民や農民を守る」というフィクションは、江戸時代後期ごろから確立された。講談や歌舞伎の題材として大衆的な人気を博し、近年では映画やテレビドラマで、その姿が定着している。大日本史編纂に必要な資料収集のため家臣を諸国に派遣したことや、隠居後に領内を巡視した逸話が元になったとされている。

光圀をたたえ、水戸市の中心市街地では毎年8月に「水戸黄門まつり」が開催される。テレビドラマに出演した俳優らによるパレードが行われるほか、市民によるカーニバルやみこし渡御、花火大会など3日間にわたってさまざまな催しが繰り広げられている。

問合せ先　水戸市観光課　TEL：029-232-9189

弘道館と水戸学

水戸藩の藩校として創設された国特別史跡の弘道館＝水戸市三の丸

お宝マップ
071

弘道館(現水戸市三の丸)は１８４１年、水戸藩の藩校として９代藩主の徳川斉昭が創設した。藩士に文武両道を修練させようと、武芸のほか医学、薬学、天文学、蘭学など幅広い学問を取り入れた。当時の藩校としては最大規模で、全国各地の藩校建設にも影響を与えたとされる。

国特別史跡で、数回にわたる戦火を免れた正庁、至善堂、正門の３カ所は重要文化財に指定。東日本大震災で正庁などが被害に遭い、その後復旧を遂げた。２０１５年４月、「近世日本の教育遺産群」として日本遺産に認定された。

敷地には多くの梅の木が植えられ、偕楽園とともに名所として知られる。

また、２代藩主の光圀が編さんを始めた「大日本史」の影響を受けた水戸学の舞台にもなった。歴史尊重や尊王賤覇《そんのうせんぱ》思想を基に、18世紀後半の異国船接近で幕藩制が動揺したことによる危機意識が、この独特の学風形成につながったとみられている。

幕末の政治運動の支柱とされる尊王攘夷論は、この水戸学の中核をなすものと考えられている。

問合せ先　水戸市観光課　TEL：029-232-9189

ガルパンの舞台・大洗

ガルパンの舞台となった大洗町には週末を中心に大勢のファンが訪れる

お宝マップ 072

大洗町を舞台にしたアニメ「ガールズ＆パンツァー（ガルパン）」。２０１３年の放送以来、多くのファンが「聖地巡礼」と称して同町を訪れている。

町内の商店街は、曲がり松商店街（磯浜町）を中心に08年から各商店が１００円の品を提供する「１００円商店街」を実施し、商店街の活性化を図ってきた。ガルパンの放送開始後はキャラクターの誕生日会など連動した企画を繰り広げ、イベント開催時は平日でも約３００人のファンが訪れる。

商店街を歩くと、アニメの登場人物の等身大パネルが目につく。アニメファンが集う商店内には、ファンが持ち寄った缶バッチやフィギュアなどが所狭しと並べられている。

町のシンボルタワー「大洗マリンタワー」（港中央）には15年、ガルパンにちなんだ喫茶店がオープンし、休日は多くのファンでにぎわう。また、ガルパンの登場人物と町の風景が描かれた大洗観光記念スタンプを手に入れようと、スタンプ台が設けられた大洗鹿島線「大洗駅」など町内5カ所を巡るファンも多い。

問合せ先　大洗町商工会　TEL：029-266-1711

水戸芸術館

水戸芸術館のシンボルである高さ100メートルの塔＝水戸市五軒町

お宝マップ
073

水戸芸術館は１９９０年、水戸市五軒町に開設された美術ギャラリーとコンサートホール、劇場からなる現代芸術の複合文化施設である。水戸市制１００周年を記念して建てられた高さ１００メートルの塔がそびえ、ＡＣＭ劇場とコンサートホールＡＴＭ、現代美術ギャラリーが配置されている。

建築家の磯崎新さんが設計した。開館以来、音楽や演劇、美術の各分野で自主企画による事業を行い、国内外で活躍するアーティストの多彩な催しを紹介するなど、地域の文化活動の拠点としても機能している。

「水戸室内管弦楽団」は水戸芸術館の専属楽団。音楽評論家で初代館長の吉田秀和さん（故人）の提唱で誕生した。現在は、日本を代表する音楽家で、２代目の館長を務める小澤征爾さんが総監督、指揮者として運営に当たっている。

同楽団は96年から活動の舞台を水戸以外にも広げた。日本各地で演奏会を開くほか、98年には初の欧州公演で五つの都市を回った。各演奏会で観客から圧倒的な賞賛を得ている。

問合せ先　水戸芸術館　TEL：029-227-8111

水戸徳川家

徳川光圀が晩年を過ごした西山御殿＝常陸太田市新宿町

お宝マップ
074

徳川家の一つ。徳川家康の十一男、頼房を家祖とする。水戸黄門として知られる光圀や藩政改革を成し遂げた斉昭、最後の将軍となる慶喜らは、この水戸徳川家の出身。

１９６７年、伝来の什宝《じゅうほう》や光圀が隠居した国指定史跡および名勝西山御殿跡（西山荘、常陸太田市）、彰考館史料などの寄贈により、公益財団法人徳川ミュージアムが設立された。

水戸市にある同財団の博物館・徳川ミュージアムには、家康や歴代藩主の遺品など約３万点が所蔵され、「大日本史」草稿本や編さんのために集められた古文書史料などが展示されている。

西山御殿は１８１７年に焼失したものの、２年後に光圀公が住まわれた表御殿が再建された。建物はかやぶき平屋建て。35万石の藩主が隠居した地としての風格と、華美を嫌った光圀の信条の融和を見ることのできる仙境として、当時の面影を残している。

また、水戸徳川家累代の墓所である国指定史跡水戸徳川家墓所（常陸太田市）は２００７年に国の史跡に指定された。春と秋に毎年、特別公開が行われている。

問合せ先		
	徳川ミュージアム	TEL：029-241-2721
	徳川ミュージアム 分館 西山御殿	TEL：0294-72-1538

アクアワールド県大洗水族館

アクアワールド県大洗水族館の大水槽＝大洗町磯浜町

お宝マップ
075

アクアワールド県大洗水族館は関東最大規模を誇る。飼育数国内一とされ、約50種類のサメを展示する「サメの水族館」としても知られる。館内は「世界の海ゾーン」や「出会いの海ゾーン」など9エリア60水槽に水にすむ生き物を中心に約6万8千点を飼育、展示している。

　専用水槽で悠々と泳ぐマンボウや、季節によって内容が変わるイルカ・アシカオーシャンライブは見どころの一つ。水量１３００トンの大水槽で80種約2万匹の魚などを展示。ダイバーが水槽内の生き物の生態を解説する「アクアウオッチング」が1日4回開かれ、観覧者がマイクを通じて水槽内のダイバーと話せるコーナーも設けられている。

　国内の水族館で最大級のキッズランドも人気。カニやヒトデなど磯の生き物と触れ合える「タッチングプール」や、巨大な魚の形をした遊具が置かれ、子どもたちが伸び伸びと遊べる。

　入館料は大人１８５０円、小・中学生９３０円、幼児３１０円。

問合せ先　アクアワールド茨城県大洗水族館　TEL：029-267-5151

真夏の祭典 ロック・イン・ジャパン

野外フェス最大の来場者数を記録するロック・イン・ジャパン・フェスティバル＝国営ひたち海浜公園

お宝マップ
076

ロック・イン・ジャパン・フェスティバルは２０００年から、ひたちなか市の国営ひたち海浜公園を会場に毎年開かれ、現在は県内の夏の風物詩の一つとして定着している。

まだロックフェスが全国に浸透する前、日本のアーティストが集結するロックフェスをつくりたいという思いから、音楽雑誌の制作会社が第１回目を開催した。14年からは、それまでの２日間の日程を４日間に拡大して実施している。今では「フジロックフェスティバル」（第１回目は山梨県内で開催）、「サマーソニック」（東京と大阪で開催）と並び国内３大フェスに数えられている。

16年は公園内に７カ所の特設ステージが設けられ、ロックをはじめＪポップ、ヒップホップ、レゲエ、アイドルまで、それぞれの第一線で活躍する２００組を超えるアーティストが登場した。４日間で国内の野外フェス最大とされる約27万人が来場し、観客は各ステージを行き来しながら、思い思いのスタイルで「熱い夏」を満喫した。

参考	【公式サイト】http://rijfes.jp/

ひたちなか海浜鉄道

お宝マップ 077

地域住民の足を支えるひたちなか海浜鉄道湊線

ひたちなか海浜鉄道湊線は２００８年、ひたちなか市の第三セクターとして、廃線の危機にあった茨城交通湊線を引き継ぐ形で開業した。勝田—阿字ケ浦間の計10駅で、全長約14・3キロに及ぶ。

開業3年目、11年3月の東日本大震災で大きな被害に見舞われた。全線でレールがゆがむなどしたほか、金上—中根間のため池の決壊で路面がさらわれ、約１００メートル区間でレールが宙づりになるなどした。市や地域住民らの支援で約4カ月後の同年7月に全線復旧を果たし、「復興のシンボル」として、住民や観光客などの貴重な交通手段となっている。

駅ごとに特産物や名所などをデザインした駅名標が15年度のグッドデザイン賞にも選ばれて注目された。駅名標の同賞受賞は初の快挙。

さらに、終着駅の阿字ケ浦駅から国営ひたち海浜公園周辺への延伸構想があり、利便性の向上へ今後の進展が注目される。早ければ24年度の延伸区間運行を目指している。

問合せ先　ひたちなか海浜鉄道（那珂湊駅）　TEL：029-262-2361

ダイダラボウ像と伝説

お宝マップ 078

　ダイダラボウは国内の各地域で伝えられる巨人。「ダイダラボッチ」や「デエダラボッチ」など類似の名称が数多く存在する。山や湖沼をつくったとする言い伝えが多く、国造りの神に対する巨人信仰が、その伝承を生んだと考えられている。

　文献に記載されている貝塚として、最も古い国指定史跡の「大串貝塚」（水戸市塩崎町）にもその伝承が残る。同貝塚は約5千年以上前の縄文時代前期に形成されたとみられている。「常陸国風土記」には、巨人が貝を食べた場所として「身体きわめて大きく、丘の上にいながら手は海辺の貝をほじくった。食べた貝殻が積もり丘となった」などと記されている。

国指定史跡「大串貝塚」内にそびえる高さ約15メートルのダイダラボウ像＝水戸市塩崎町

　同貝塚では、高さ約15メートルの像が周囲を見下ろし、夜間は午後9時までライトアップされる。周辺には公園や縄文人の暮らしを紹介する入園無料の「埋蔵文化財センター」も整備されている。JR水戸駅からは、同駅北口で「大串公園行き」の路線バスに乗車し、「大串公園」で下車。

問合せ先
水戸市大串貝塚ふれあい公園（水戸市埋蔵文化財センター）
TEL：029-269-5090

茨城の古墳

石室内に色鮮やかな彩色壁画が残る虎塚古墳の内部＝ひたちなか市中根

お宝マップ
117

古墳は3世紀後半から7世紀にかけて造られた古代の墓である。県内では石岡市の舟塚山古墳、次いで常陸太田市の梵天山《ぼんてんやま》古墳が大きい。ひたちなか市中根の虎塚古墳は色鮮やかな彩色壁画が石室内に残されている。

虎塚古墳は１９７３年9月に装飾壁画が発見され、翌年、国の史跡に指定。壁画は円形、三角形、環形の幾何学文様や、大刀、槍《やり》、矛、盾などの武器武具類をベンガラという赤色顔料で描いている。毎年春秋の2回、一般公開される。

石岡市北根本の舟塚山古墳は、関東地方では太田天神山古墳（群馬県太田市）に次いで2番目の規模。築造は5世紀後半ごろで、墳丘の全長は１８６メートルに及び、大豪族の首長墓であるとみられている。

そのほか、水戸市元吉田町の吉田古墳は、八角形の変形古墳であることが２０１０年に判明。ひたちなか市の十五郎穴横穴群では、奈良市の正倉院に納められている宝物と似た刀子《とうす》が見つかり、中央との関係が深い人物が埋葬された可能性が指摘されている。

問合せ先　茨城県教育庁文化課文化財担当　TEL：029-301-5449

那珂湊おさかな市場

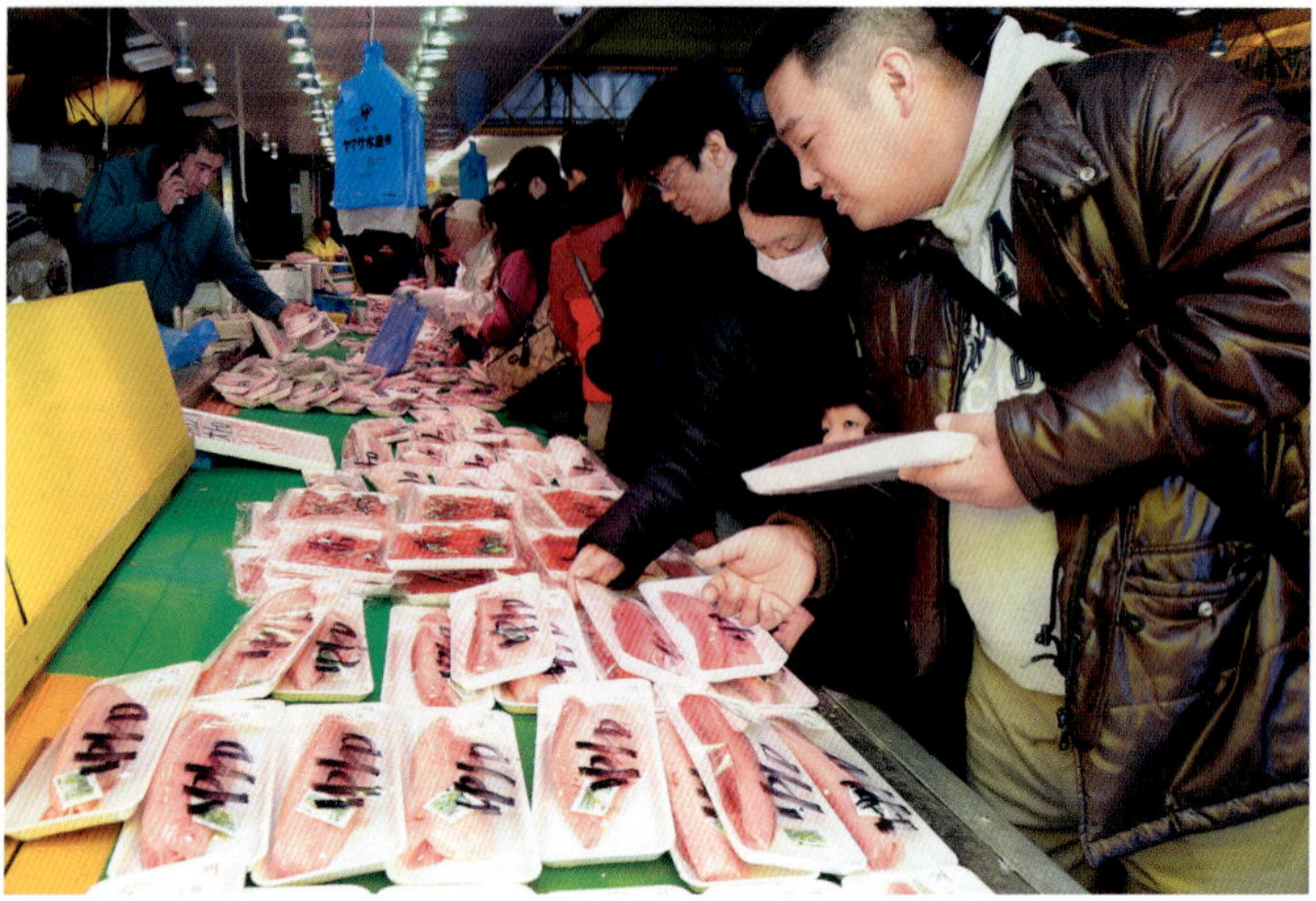

年末には正月の食材を買い求める人でごった返す那珂湊おさかな市場
＝ひたちなか市湊本町

お宝マップ 079

那珂湊おさかな市場は日本有数の沿岸・沖合遠洋漁業の基地である那珂湊漁港に隣接し、同漁港などで水揚げされた新鮮な魚介類が手頃な価格で手に入る。水産物の販売店に魚や貝、カニなどが所狭しと並び、従業員の威勢のいい声が響いて活気にあふれている。すし店や海鮮料理の店も並びにぎわいを見せている。

特に、毎年末の時期は正月の食材を買い求める人たちが遠方から押し寄せ、１年で最もにぎわう年の瀬の風物詩となっている。

２０１１年３月に発生した東日本大震災の津波で各店が浸水被害に遭い、さらに東京電力福島第１原発事故による風評被害にも苦しんだが、約２カ月後には営業を再開した。

一方で、北関東自動車道全線開通（同年３月）により群馬、栃木などからのアクセスが向上し、国営ひたち海浜公園と連動した観光コースの定着などで、春と秋の行楽シーズンの人出も増えている。

現在、県内外から訪れる利用者は、年間約１００万人に上るという。

問合せ先	那珂湊おさかな市場事務局（「魚一」内）　TEL：029-263-7008

磯節

磯節を披露する大洗本場磯節保存会のメンバー

お宝マップ
080

「磯で名所は大洗様よ　松が見えますほのぼのと…」。民謡・磯節は大洗町やひたちなか市（那珂湊）を中心に歌い継がれてきた日本三大民謡の一つ。独特な節回しとしなやかな振り付けの踊り、三味線の伴奏とはやし言葉が特徴である。

江戸時代に舟歌として漁師たちの間で歌われたのが起こりとされる。明治に入り、水戸市出身の第19代横綱・常陸山が付き人として地方巡業に同行させた関根安中（１８７７〜１９４０年）が宴席で磯節を披露し、全国に広まっていったといわれている。

同町の大洗本場磯節保存会（会長・小谷隆亮町長）は75年の発足以来、磯節の保存と伝承に努めてきた。半世紀ほどにわたって民謡に携わってきた副会長の川上一美さん（81）は「調子が尻上りで茨城弁の特徴が強い。ほかの歌にはない難しさがある」と解説し、「地元で歌っているのを聞いて覚えるのが上達の近道」と話した。

現在は県内で毎年、全国大会が開かれ、多くの参加者が技量を競っている。

問合せ先　磯節保存会（大洗町商工観光課内）　TEL：029-267-5111

ジオパーク平磯白亜紀層

のこぎり歯状の平磯白亜紀層＝ひたちなか市平磯町

お宝マップ 081

ひたちなか市平磯町から磯崎町にかけての海岸で見られる中生代白亜紀の地層。約７５００万年前の白亜紀後期の地層とされ、「那珂層群」とも総称される。約30～40度に傾いた岩礁が連なっている。

岩石は砂岩、泥岩、れき岩などから構成される。軟らかい部分が波に浸食され、硬い部分が残って鋭いのこぎり歯状になっているのが見ものだ。

地層からはアンモナイトやウニ、貝、サメなどの化石が発見されている。アンモナイトは、県内の中生代地層で初めての出土となった。また、通常の平巻きでなく巻き貝状が多く、異常巻きアンモナイトの群生地としても有名だ。２００２年には関東で初めて翼竜の化石が見つかり、「ヒタチナカリュウ」と命名された。１９５７年には県の天然記念物に指定された。

春から夏にかけては磯遊びの場として家族連れでにぎわう。

問合せ先　ひたちなか市観光振興課　TEL：029-273-0111

春風萬里荘と笠間日動美術館

北大路魯山人の旧宅を移築した「春風萬里荘」＝笠間市下市毛

お宝マップ 082

芸術家で美食家としても知られる北大路魯《ろ》山《さん》人《じん》（1883〜1959年）の旧宅を北鎌倉から移築した「春風萬里荘」、芸術文化の発信地「笠間日動美術館」は笠間市を代表する観光名所の一つ。それぞれ1972年、日動画廊（東京・銀座）の創立者である長谷川仁・林子夫妻が、先祖代々の墓がある笠間に私財を投じてオープンさせた。

春風萬里荘は魯山人が昭和初期から住んだ古民家で、母屋を同市下市毛に移築。本人が好んで用いた李白の漢詩の言葉「春風萬里」から名付けた。茶室「夢境庵」のほか、自然石を組み上げた暖炉、馬屋を改装した洋間、織部の陶板を張り込んだ浴室など、当時のままに残されている。

同美術館は同市笠間にあり、近代西洋、近現代日本の巨匠たちの名作など、約3千点を収蔵。企画展示館のほか、フランス美術を紹介する「フランス館」、巨匠らがパレットに描いた絵を展示する「パレット館」の計3館あり、館同士を移動する際には竹林や紅葉など四季の彩りを実感できる。

問合せ先　笠間日動美術館　TEL：0296-72-2160

水戸発祥のオセロ

水戸まちなかフェスティバルで行われた「世界オセロ選手権大会」のプレイベント＝水戸市内

お宝マップ 083

黒と白の面を持つ円形の石を、交互に盤面へ打つ2人用のボードゲーム。相手の石を挟むと、裏返して自分の色に変えることができ、最終的に石の色の多い方が勝利となる。「覚えるのに1分、極めるのに一生」といわれ、小さな子どもから高齢者まで楽しめるにもかかわらず、頭脳戦を繰り広げられる奥深いゲームとして親しまれており、愛好者は現在、世界で6億人に上るという。

水戸市出身の長谷川五郎氏が、旧制水戸中（現水戸一高）時代に原型となる碁石を使ったゲームを考案した。1972年に玩具販売会社へ企画を持ち込み、翌73年に商品化。その後間もなく、オセロブームが訪れるなど世界的な人気が定着している。

名称は、黒人の将軍と白人の妻を中心に、敵味方が目まぐるしく寝返るシェークスピアの戯曲「オセロ」が由来。戦いの舞台となる緑色の盤面をイギリスの平原に見立て、黒と白の石を返しながら、次々と形勢が変わっていくゲーム性を物語になぞらえた。

問合せ先	水戸市文化交流課　TEL：029-291-3846

那珂湊反射炉跡

お宝マップ
084

激動の幕末の始まりのきっかけとなったペリー来航。現ひたちなか市の那珂湊沖にも異国船が出没するようになった。

これに水戸藩第9代藩主の徳川斉昭は危機感を覚え、海防の要として領内の海岸部などに砲台を築いた。斉昭は兵器の充実の必要性を感じ、それまでの銅製から鉄製大砲への転換を唱えた。

その鉄製大砲の鋳造を目的に建てられたのが反射炉だ。反射炉は大量の鉄を溶解する炉。安政2（1855）年に1号炉、2年後には2号炉が完成した。高さは約15メートルで、耐火れんが約4万個が使われたとされる。

しかし、元治元（1864）年の「元治甲子の乱（または天狗党の乱）」で破壊された。1933年ごろから、復元しようとする動きが広まり、37年にほぼ原形どおりの模型が造られた。

2004年には、県史跡に指定された。幕末の海防政策と近代製鉄史を伝える貴重な史跡といえる。

現在は復元された模型が残る那珂湊反射炉跡
＝ひたちなか市栄町

問合せ先　ひたちなか市観光振興課　TEL：029-273-0111

粟野春慶

岐阜の「飛騨春慶《しゅんけい》」、秋田の「能代春慶」とともに、日本三春慶の一つに数えられる漆工芸「粟野春慶塗」。室町時代の１４８９年に現在の城里町で始まり、現在は老舗の稲川家が守り伝える。

お宝マップ 085

春慶塗は木の器などに透明な漆を塗って、木目が透けるように美しく仕上げる漆塗りの技法の一つ。粟野春慶は佐竹氏に仕えていた稲川山城主・源義明が、那珂川沿いに群生していた漆やヒノキを使って始めたとされる。

江戸時代ごろには旧桂村地域が「春慶塗の里」として盛んで、多くの職人がいたが、今では稲川家の19代と息子だけになった。手掛けるのは茶器や花器のほか、お盆や弁当箱、重箱など多くは日用品だ。

材木を加工する木地作りから、漆塗りまでの全ての工程を行う。材料のヒノキは樹齢１００年以上のもので、特に堅い「石檜《いしっぴ》」にこだわる。漆は現在、大子町産を使用。漆には梅酢とエゴマ油を混ぜ、木地にじかに塗り、３度塗りで仕上げる。

稲川家が守り伝える粟野春慶塗の木製の器類

問合せ先　城里町まちづくり戦略課　TEL：029-288-3111

レンコンと蓮田の風景

お宝マップ 116

風景に溶け込む広大な蓮田＝土浦市手野町

霞ケ浦湖畔を歩いていると、必ず目にするのが蓮《はす》田だ。霞ケ浦と筑波山がある風景の中に溶け込み、この地域を象徴する自然の一つとして、記憶にとどめる人も少なくない。

夏、田んぼ一面を覆うハスの葉のあちらこちらで、白い花々が競い合うように咲き乱れる。秋になると、本格的にレンコンの収穫が始まる。年末は正月のおせち用で、レンコン農家は忙しい。冷たい田んぼに腰まで漬かり、水圧ポンプを使ってレンコンを掘り出す光景が至る所で見られる。

本県はレンコン生産量が日本一で、2位以下を圧倒している。

ただ、おせちや煮しめなど、祝い事での料理だけでは消費拡大が望めないため、関係者がさまざまな調理法を考案し、イベントなどに出店して積極的なPRに取り組む。

霞ケ浦湖畔などを走る自転車道「つくば霞ケ浦りんりんロード」の整備で、県外の人たちが蓮田を見る機会も多くなった。新たな観光資源への期待が高まっている。

問合せ先　茨城県販売流通課（茨城をたべよう）　TEL：029-301-3966

サイエンスシティーつくば ～宇宙・生命・ロボット

お宝マップ
087

世界的な科学技術の拠点として成長する筑波研究学園都市＝つくば市

つくば市の筑波研究学園都市は、産業技術総合研究所や筑波大など約３００に及ぶ研究機関や事業所などが立地、国内外の約2万人の研究者が集まる日本最大の科学都市だ。

国家プロジェクトとして１９６３年の閣議了解によって建設が始まり、80年までに研究機関・大学の移転はほぼ終了した。85年には国際科学技術博覧会（科学万博）が開かれ、２千万人を超す来場者が先進科学技術を体感した。２０１６年5月には「Ｇ７茨城・つくば科学技術大臣会合」が行われた。

この間、市と県内の一部地域が11年12月、世界を視野に入れた新しい産業の創出を目指す「国際戦略総合特区」に指定された。つくば国際戦略総合特区では、次世代がん治療の開発や生活支援ロボットの実用化など、先進的なプロジェクトが数多く進んでいる。

宇宙航空研究開発機構（ＪＡＸＡ）筑波宇宙センターは日本の宇宙技術開発の中枢を担い人工衛星の開発、宇宙飛行士養成などを行っている。

問合せ先　つくば市科学技術総合調整室　TEL：029-883-1111

シャトーカミヤ

シャトーカミヤの旧本館＝牛久市中央

お宝マップ
088

赤いれんが造りの洋館が目を引く。シャトーカミヤは牛久市中央3丁目にある。「シャトー」とはブドウ栽培から醸造、瓶詰めまでを一貫して行う醸造場。「カミヤ」は創設者の神谷傳兵衛を指す。

神谷は17歳から横浜市の洋酒の醸造場で働いた。原因不明の腹痛に見舞われた際、ブドウ酒を飲むとたちまち回復し、いっそう洋酒造りに心血を注いだ。

ブドウ栽培に最適な地として、神谷が選んだのが稲敷郡岡田村（現牛久市）だ。フランス・ボルドー様式を取り入れ、醸造施設を建設。１９０３年にシャトーカミヤを完成させた。周囲にはブドウ畑が広がり、ブドウ運送などに使ったトロッコ線路が続いていた。

当時の醸造施設は今も残る。洋館は当時の事務室で、旧醗酵室や旧貯蔵庫の2棟と共に２００８年、国の重要文化財に指定された。現在も記念館やレストランとして活用されている。

敷地には売店やバーベキューガーデンもあって食とワインを楽しめ、市民の憩いの場となっている。

問合せ先　シャトーカミヤ　TEL：029-873-3151

牛久沼と河童の画家小川芋銭

牛久沼に臨む林の中にひっそりとたたずむ雲魚亭と小川芋銭
＝牛久市城中町

お宝マップ 089

牛久市の南西に広がる牛久沼。カッパにまつわる伝説が語り継がれるこの沼のほとりに住んだ小川芋銭《うせん》は、伝説を基にカッパの絵を多く残した。「カッパの芋銭」として親しまれている。

芋銭は１８６８年、牛久藩士の子として江戸で生まれ、３歳で牛久に移り住んだ。絵の修行のため上京するも、農業を継ぐため93年に帰郷。農業に励む傍ら、妻の支えで新聞や雑誌に挿絵を描いた。

芋銭はその後、挿絵から本格的な日本画を志し、画家数人と「珊瑚《さんご》会」を発足させて作品を発表。横山大観らの目に留まったことがきっかけで大観の推薦で日本美術院の同人になり、中央画壇で注目を浴びた。最晩年には画商の俳画堂の求めに応じ、カッパの絵を集めた画集「河《かっ》童《ぱ》百図」を刊行している。

現在も沼畔の牛久市城中町には晩年に建てたアトリエ「雲魚亭」が立つ。遺族が１９８８年に市に寄贈し、記念館として公開された。芋銭をしのぶ遺品や作品の複製が展示されている。

問合せ先　牛久市商工観光課　TEL：029-873-2111

つくば霞ケ浦りんりんロード

春は桜並木も楽しめる「つくば霞ケ浦りんりんロード」＝土浦市下坂田

お宝マップ 090

霞ケ浦と筑波山―。本県を代表する二つの観光名所を結ぶ全長約１８０キロのサイクリングコースが「つくば霞ケ浦りんりんロード」。長距離ながら平たんで、初心者や家族連れが楽しめるコースは全国でも珍しく、「日本一のサイクリング環境」との呼び声も高い。

　コースの中心は、旧筑波鉄道跡を舗装した自転車歩行者専用道「つくばりんりんロード」（桜川市―土浦市）と、霞ケ浦湖岸の「霞ケ浦自転車道」（土浦市―潮来市）を接続した計約81キロの自転車道。さらに霞ケ浦湖岸の市町村道などがつながる。

　利用者に向けた沿道でのサービス拠点として、ＪＲ土浦駅東口には「サイクルステーション」が開設され、更衣室やコインロッカー（有料）、足などを洗う「洗い場」、自転車を立て掛けるサイクルラックなどがそろう。かすみがうら市の歩崎公園「かすみキッチン」は地元食材にこだわったメニューが売り。ワカサギやシラウオ、ブランド豚の料理や、ナシ・イチゴのデザートが味わえる。

問合せ先　茨城県地域計画課　TEL：029-301-2735

龍ケ崎の撞舞

お宝マップ
091

柱の上で矢を放つ舞男＝龍ケ崎市根町

国選択・県指定無形民俗文化財の「撞舞《つくまい》」は、アマガエルに扮《ふん》した2人の「舞男」が高さ14メートルの柱の上で、逆立ちなどの決死の大技を繰り広げる龍ケ崎市の奇祭だ。400年以上の歴史があるとされ、毎年7月下旬、市役所近くの市道「撞舞通り」で披露され、見物人の度肝を抜いている。

市商工観光課によると、撞舞は雨乞いや五穀豊穣《ほうじょう》、疫病よけなどを願う伝統行事。柱は紺と白の木綿布で覆われ、頂上に円座（直径約120センチ、高さ約85センチ）が置かれる。舞男は唐草模様の衣装とアマガエルの面を身に着ける。

夕刻が迫まると、笛や太鼓の音が響く中、2人の舞男は柱の頂上を目指して柱を登り始める。頂上に着いた舞男は立ち上がって四方に矢を放ったり、逆立ちやあおむけになったり、柱に張った綱の上を両手を広げて滑空し回転したりするなど、次々と妙技を繰り出す。地上から見守る見物人は拍手でたたえる。

撞舞は県内を代表する神事として定着しており、1万人以上が詰め掛ける。

問合せ先　龍ケ崎市商工観光課　TEL：0297-64-1111

陸平貝塚

陸平貝塚の全景（白枠部分が貝塚）＝美浦村馬見山

お宝マップ
092

1879年に、初めて日本人だけで発掘調査が行われた遺跡が、美浦村馬見山の陸平《おかだいら》貝塚だ。

縄文人が近くの干潟で採取し、食べて捨てた貝殻が今でもそのまま残る。貝殻の多さと面積約6万5千平方メートルの広大さなどから、国内屈指の規模の貝塚遺跡として知られる。

村文化財センターによると、陸平貝塚を含む周辺地域は、縄文時代は外洋とつながる内海になっており、内海にある小島に縄文人の生活拠点が形成されたという。台地の平坦部に住居群跡があり、周囲の斜面に約7千～3500年前の貝殻が捨てられている。これまでハマグリやシオフキなどの二枚貝のほか、竪穴住居跡、縄文土器なども見つかっている。

1995年には住民などが「陸平をヨイショする会」を結成。貝塚を覆うシノ林を伐採するなど保存活動が展開され、その活動が後押しとなり98年に国指定史跡となった。住民が主体となり、土器作り教室など遺跡を活用したイベントなども開かれている。

問合せ先　美浦村文化財センター　TEL：029-886-0291

探検家・間宮林蔵

お宝マップ
093

間宮海峡を発見した江戸時代の探検家、間宮林蔵は１７８０年、筑波郡上平柳村（現つくばみらい市）の農家に生まれた。

若い頃から算術などに優れ、１８００年には幕府の蝦夷地（北海道）御用雇いとなり、測量技術を伊能忠敬に学び蝦夷地を測量した。

08年には、幕府の命により松田伝十郎とともに樺太の調査に出発。だが、十分な確認ができなかったため、翌年には単独で探検、樺太北端に到達し、樺太が南北約９５０キロの大きな島であることを確認した。

間宮林蔵記念館に立つ林蔵の立像＝つくばみらい市上平柳

大陸と樺太の間は、後にシーボルトの著作「日本」の中で、「間宮海峡」と命名され、全世界に紹介された。間宮林蔵の名は世界地図に名を残すただ1人の日本人といわれている。

つくばみらい市上平柳の間宮林蔵記念館は、林蔵の足跡を遺品とともに紹介。生家も見学することができる。地元では間宮林蔵顕彰会が研究や広報に尽力。毎年、林蔵ゆかりの地を歩いている。

問合せ先　間宮林蔵記念館　TEL：0297-58-7701

龍ケ崎コロッケ

笑顔でコロッケを作る「まいんコロッケ」のメンバー＝龍ケ崎市内

お宝マップ
094

米粉のクリームコロッケ、ウナギの切り身が入ったコロッケ、甘酸っぱいリンゴコロッケ…。龍ケ崎コロッケは、龍ケ崎市の飲食店などが知恵を出し合って開発した各店独自のコロッケの総称。２０１４年にインターネットのご当地メシ決定戦で米粉を使った龍ケ崎コロッケが日本一に輝き、知名度は全国区になった。

「大人になっても懐かしく思い出に残るものを食べてもらいたい」。こんな思いから市内のまんが図書館に来る子どもたちに手作りコロッケを振る舞おうと、市商工会女性部有志が集まって00年、「まいんコロッケ」を立ち上げた。飲食店も呼応し、03年に「コロッケクラブ龍ケ崎」が結成された。09年には同市、静岡県三島市、富山県高岡市が協定を締結、13年から全国のコロッケ店が集まる「全国コロッケフェスティバル」を3市持ち回りで実施している。

同クラブに加盟する店舗は「うちの店のコロッケが日本一」という熱い気持ちともてなしの心でコロッケと向き合う。

問合せ先	龍ケ崎市商工観光課　TEL：0297-64-1111

真鍋小学校の桜

新１年生を歓迎する「お花見集会」＝土浦市の真鍋小

お宝マップ 095

真鍋の台地の南端に立つ土浦市立真鍋小学校。そのシンボルである5本の桜は校庭の中央に立っている。１９０７年の植樹というソメイヨシノ。県の天然記念物に指定されている。まさに小学校の「主」として、数多くの新1年生を迎え入れ、卒業生を送り出してきた。

土浦桜まつりの会場でもあり、季節となると多くの見物客が訪れる、市民にはなじみ深い桜の名所。さらに全国に知らしめたのは、この桜の下で新1年生を歓迎する学校行事「お花見集会」だ。

集会は82年4月、当時の校長の発案で始まった。全校児童が大きな輪になって桜を囲み、新1年生の入場を待つ。やがて登場した新1年生は、6年生におんぶされ、桜の周りを一周。クイズやゲーム、歌などを上級生たちと一緒に楽しむ。

お花見集会は、やがて新聞やテレビなどの報道で全国に知れ渡るようになり、今では多くのアマチュアカメラマンが撮影に訪れるようになった。

問合せ先　土浦市観光協会　TEL：029-824-2810

つくばみらいの綱火

お宝マップ 096

愛宕神社で披露される小張松下流綱火（左）と高岡愛宕神社で披露される高岡流綱火（右）

綱火はつくばみらい市に伝わる民俗芸能。愛宕神社（同市小張）の小張松下流綱火と、高岡愛宕神社（同市高岡）の高岡流綱火の2流派あり、毎年8月にそれぞれの神社で奉納される。いずれも国指定重要無形民俗文化財で、仕掛け花火を付けた人形芝居が観客を魅了する。

小張松下流は、中世から近世にかけて小張城主だった松下重綱が、戦勝祝いや犠牲者の供養のため陣中で行ったのが起源とされ、４００年の伝統を誇る。

高岡流綱火は、江戸時代初頭に始まったとされ、神社の本殿に向かって手筒の花火をかざす「繰り込み」も見どころ。火薬の配合や技術は秘伝とされる。

芝居では、おはやしに合わせて「浦島太郎」や「桃太郎」などの演目が上演される。それぞれの人形は、境内に張り巡らせた綱を使い、保存会のメンバーがやぐらの上から操る。浦島太郎が乗った亀から火花が上がるなど、演目ごとに仕掛け花火が展開され、過ぎゆく夏の夜の境内が鮮やかに彩られる。

問合せ先　つくばみらい市観光協会　TEL：0297-58-2111

滝平二郎と切り絵作品

小美玉市生涯学習センター（旧玉里村総合文化センター）の緞帳（どんちょう）に描かれた滝平二郎の「筑波夕照」

お宝マップ 097

版画家・切り絵作家の滝平二郎は１９２１年、旧玉里村（現小美玉市）の農家に生まれた。農民のリアルな日常を描いた初期の木版画から、牧歌的で詩情あふれる晩年の切り絵まで、四季折々の昔懐かしい農村風景を表現した。

石岡農学校（現石岡一高）卒。太平洋戦争で沖縄戦に従軍し、復員後に木版画家となった。戦後の疲弊した状況の下、何とか生き抜こうとする人間の力強い息吹が作品ににじみ出た。60年代後半、朝日新聞で切り絵を連載。温かな色彩で詩情豊かに描き、幅広い層に支持された。

児童文学者の故斎藤隆介と共に「花さき山」「モチモチの木」など、教科書でもおなじみの名作を残した。第1回講談社出版文化賞、モービル児童文化賞、第10回絵本にっぽん賞などを受賞している。

２００９年、88歳の生涯を閉じた。筑波山や霞ケ浦をはじめ、遊びや季節の行事など、滝平が抱き続けた故郷・茨城の風景への郷愁と慈愛。作品として永遠に刻まれている。

問合せ先

茨城県近代美術館（平成22年に滝平二郎展開催）
TEL：029-243-5111

ビール日本一

取手市にはキリンビール取手工場、守谷市にはアサヒビール茨城工場と、各社最大規模の工場が県内に立地する。地ビールの生産も盛んで、本県はビールの生産量日本一だ。

お宝マップ
098

茨城で生産されているさまざまなビール

キリンビール取手工場は1970年に操業を開始。奇しくも取手市制施行の年とあり、まさに同市とともに歩んできた。同社の主力「一番搾り」シリーズなどを生産している。

アサヒビール茨城工場は91年に開設した。東京ドーム9個分に当たる約39万平方メートルの広大な敷地を持ち、「スーパードライ」や「クリアアサヒ」などを生産している。

両工場では、工場見学を受け入れており、こだわりの製法やビールの魅力に触れることができる。

地ビールも各地で造られる。木内酒造（那珂市）の「常陸野ネストビール」は国内外で高く評価され、数多くの賞を受賞している。

ビアスパークしもつま（下妻市）では「しもつまビール」3種類が生産され、併設のレストランで和食料理と楽しめる。

問合せ先	キリンビール取手工場（工場見学受付）	TEL：0297-72-8300
	アサヒビール茨城工場（工場見学受付）	TEL：0297-45-7335
	木内酒造	TEL：029-298-0105
	ビアスパークしもつま	TEL：0296-30-5121

亀城公園

亀城公園の「顔」である櫓門＝土浦市中央

お宝マップ
099

土浦市中心部にある亀城《きじょう》公園は、市を代表する歴史的シンボルであり、憩いの場としても多くの市民に親しまれている。

かつての土浦城の本丸と二の丸の一部を整備した公園。土浦城の起源は明らかではないが、豪族小田氏に属した若泉三郎が室町時代の永享年間（１４２９～40年）に館を築いたのが始まりとされる。徳川家康の関東移封後は、次男の結城秀康に与えられた。その後、変遷を経て、土屋氏が長く世襲し、明治維新に至った。

堀に囲まれた城の姿が、水に浮かぶ亀に見えたことから、亀城と呼ばれる。櫓門《やぐらもん》は江戸時代前期の建築。県指定文化財で、城郭建築の遺構としては関東唯一という。

毎年春に開かれる「土浦桜まつり」の会場としても知られる。城跡と桜の風情を求め、多くの花見客でにぎわう。桜の季節が終わると、ＪＲ土浦駅前から目抜き通りを経て、公園までこいのぼりが飾られる。堀の上を何百匹も泳ぐ姿は圧巻だ。

問合せ先　土浦市観光協会　TEL：029-824-2810

常陸国分寺と国分尼寺

常陸国分寺跡（建物は金堂跡に立つ薬師堂）＝石岡市府中

お宝マップ 100

常陸国分寺跡（石岡市府中5丁目）と常陸国分尼寺跡（同市若松3丁目）は国指定特別史跡。741年、聖武天皇の勅命により、国土安泰・万民息災を祈願するため、国ごとに66カ所建立された。

常陸国分寺は、当時30人の僧侶が常駐していた大寺院だったが、2度の兵火に遭って焼失した。現在は金堂跡、講堂跡、回廊跡の礎石が残る。

発掘調査で、現本堂西側に鐘つき堂の基礎が発見され、主要建造物の基壇の規模が判明。金堂跡は現存の基壇の約4倍の規模だったことが分かった。

境内には、都々逸を世に広めた都々一坊扇歌を祭る六角堂や市指定有形文化財の旧千手院山門、直径約2メートル、重さ約10トンの七重の塔の心礎がある。毎年4月8日は満開の桜の下、花まつりでにぎわう。

常陸国分尼寺跡は、常陸国分寺跡の北西約500メートルに位置する。中門跡・金堂跡・講堂跡の礎石が一直線で、基壇上に保存されており、全国的に見ても極めて貴重な遺跡となっている。

問合せ先　石岡市文化振興課　TEL：0299-43-1111

北畠親房と小田城

お宝マップ
101

本丸跡を歴史公園に整備した小田城跡歴史ひろば＝つくば市小田

小田城は、鎌倉時代から戦国時代まで常陸国南部で勢力を誇った小田氏の居城だ。場所はつくば市小田の宝篋山《ほうきょうざん》（４６１メートル）の西の麓。筑波山から見れば、南に位置する。

南北朝時代には南朝方の重臣・北畠親房《きたばたけちかふさ》を迎え、関東の南朝方の一大拠点となった。戦国時代にかけ、数々の戦を繰り広げた。南朝の正当性を示そうと、親房が「神皇正統記《じんのうしょうとうき》」を書いた地としても知られる。

筑波町史は、南北朝時代の１３４１年、北朝方との合戦で小田治久が降伏、開城したと記述している。この時、親房は関城（現・筑西市）に移ったとされる。小田城はその後も戦国時代の１５５６年に結城氏と、64年に上杉、佐竹両氏らとの激しい戦乱の舞台となった。

国史跡「小田城跡」は、本丸跡を歴史公園に復元した「小田城跡歴史ひろば」として２０１６年に開園。庭園のほか、本丸の模型を展示する案内所を併設し、歴代城主の物語を紹介するなど、小田氏４００年の権勢を今に伝えている。

問合せ先　つくば市教育局文化財課　TEL：029-883-1111

うしく現代美術展

お宝マップ 102

「うしく現代美術展」は、美術館のない牛久市で、作家と市民の交流を深めようと１９９５年、県南地域で活動する作家を中心に始まった。毎年秋に開き、２０１６年22回目を迎えた。

子どもたちにも芸術の素晴らしさを伝えるうしく現代美術展＝牛久市内

書道や彫刻、陶芸、型染めなど、芸術の分野を超えた多ジャンルの作家が出品する。平面や立体のほか、素材や大きさにも制限がない。多彩な作品を一度に楽しむことができる美術展として知られる。

作家だけでなく、市民や行政が協力して企画・運営する。地域の文化振興への寄与も目的の一つ。市内の小中学生に芸術に親しんでもらおうと、出展作家が自ら授業を行ったり、校内で移動美術展を開いたりしている。市民対象の体験型講座も行っている。

講座では、牛久が題材のオリジナル曲「あなたとうしくで」が生まれた。市民が曲に合わせて踊る様子を動画投稿サイトに公開すると反響が広がり、ご当地アイドル「ノノキス」の誕生につながった。作家や市民が楽しみながら、文化や芸術を発信している。

問合せ先

うしく現代美術展実行委員会事務局（牛久市教育委員会生涯学習課内）
TEL：029-871-2301

桜川の桜

春には桜で彩られる磯部桜川公園＝桜川市磯部

お宝マップ
103

桜川市岩瀬地区は、古くからヤマザクラの名所として知られる。平安時代、紀貫之が都から遠い東国に思いをはせて歌を詠み、室町時代には世阿弥の謡曲「桜川」の舞台にもなった。奈良県吉野町と並び、「西の吉野、東の桜川」と称されるほどだ。

市内の桜といえば、ソメイヨシノではなく、一本一本遺伝子が異なるヤマザクラが多い。磯部桜川公園では８００本近い桜が見事な花を咲かせ、櫻川磯部稲村神社とともに国の名勝に指定されている。

また、同市と栃木県茂木町の県境に位置する高峯山は、地元住民が整備した効果もあり、自生する数千本のヤマザクラがきれいに花を咲かせる。見頃の時季は花の淡い紅色と新緑が合わさりパッチワークのような眺望が楽しめる。

桜をまちおこしにつなげようと、市商工会青年部を中心に「サクラサク里プロジェクト」を展開。公益財団法人「桜川日本花の会」（本部・東京）が桜の保護に取り組み、苗木を育て植樹するなどの活動をしている。

問合せ先　桜川市商工観光課　TEL：0296-55-1159

筑波サーキット

参加型サーキットとして人気を集める筑波サーキット＝下妻市村岡乙

お宝マップ
104

筑波サーキット（下妻市村岡乙１５９）が開場したのは１９７０年代初め。国内レース場では鈴鹿サーキットや富士スピードウェイと共に長い歴史を誇る。

１周約２キロのコース２０００には、S字コーナーやヘアピンカーブなどが設けられ、メインストレートでは迫真のゴールシーンが目の前で見られる。このコースでは同サーキットのライセンス講習会が開かれており、これまでに約６５００人が取得しているという。

ミニコースのコース１０００（１周約１キロ）は、コース幅が比較的広いため、四輪の走行会には各方面から幅広い層の参加者が多く集まる。週２回ほど開かれる走行会は原則無料。希望者が体験走行できる「参加型サーキット」として人気を博している。このコースでは、二輪ライセンスを取得することができる。

かつては四輪の全日本Ｆ３選手権や全日本ツーリングカー選手権などが開かれており、現在は二輪の全日本ロードレース選手権などが開催されている。

問合せ先　筑波サーキット　TEL：0296-44-3146

平将門

勇壮な武者行列が市街地を練り歩く「岩井将門まつり」
＝2013年11月10日、坂東市岩井

お宝マップ
105

朝廷の反逆者とされる一方、騎馬隊と日本刀を用いて武士の時代を切り開いたともされる平将門（？～９４０年）。鉄製の農具を開発して農民と開墾に励んだともいわれ、坂東市やその周辺には今も将門を慕う市民が少なくない。

同市には、将門ゆかりの史跡が多く残る。将門の三女・如蔵尼の建立とされる国王神社（同市岩井）は、将門座像がご神体（県指定文化財）。軍事拠点の島広山（同市岩井）、将門の胴塚がある延命院（同市神田山）などは「坂東市ふるさとガイドの会」の案内で巡ることもできる（要予約）。

１９７２年に始まった「岩井将門まつり」は、毎年11月開催。国王神社で戦勝祈願、中心市街地で弓道演舞が行われ、県無形文化財の神田ばやしとともに１００人を超える武者行列は壮観だ。「いわい将門ハーフマラソン」は27部門で同時開催され、参加者も増えている。「将門せんべい」「将門漬」「将門そば」など特産品もある。

問合せ先　坂東市観光協会　TEL：0297-20-8666

長塚節と生家

豪農だった面影を残す長塚節の生家＝常総市国生

お宝マップ
106

鬼怒川沿いの農村を舞台に、貧しい生活にあえぐ小作農の姿を克明に描写した小説「土」。常総市出身の歌人、長塚節（１８７９～１９１５年）の代表作として知られる。節の生家は今も同市国生に大切に残されている。

節は正岡子規に歌の指導を受け、文学的才能を開花させた。同じく弟子の伊藤左千夫らと短歌雑誌「アララギ」を創刊するなど、当時の文壇で活躍。一方で、家業である農業にも力を入れ、竹林栽培や肥料の研究に取り組んだ。

「土」は31歳の時、夏目漱石の推薦によって東京朝日新聞に連載した作品。だが翌年、喉頭結核を発症し、35歳の若さでこの世を去った。

節の生家は豪農の名残を今にとどめ、入り口には立派な長屋門が立つ。生家では直筆の歌や愛用の机などを展示。各地を旅した時に身に付けたすげがさや、わらじなども残されている。

見学日は毎週土、日、月曜日。無料。

問合せ先	常総市生涯学習課文化係　TEL：0297-23-2111

古河提灯竿もみまつり

お宝マップ 107

古河市を代表する伝統の奇祭「古河提灯竿《ちょうちんさお》もみまつり」は勇壮な祭りだ。先端に提灯を取り付けた長さ約20メートルの竹竿を、男たちが支え体をぶつけ合い、灯火を消し合う。毎年12月第1週の土曜日、師走のJR古河駅西口前の特設会場で開かれる。冬到来を告げる寒さの中、もみ合う男たちの体から湯気が立ち上る。

会場には「矢来《やらい》」と呼ばれる高さ約13メートル、長さ約65メートル、幅約4・5メートルの囲いが組まれる。男たちが竹竿を支え体をぶつけ合う〝戦いの場〟だ。

2015年の古河提灯竿もみまつり＝古河市のＪＲ古河駅西口付近

1本の竹竿は19人で支えられ、さらに誘導役1人が付く。また提灯を取り付ける竹竿は長ければ長いほど名誉とされ競われてきた。最長の「一番竿」は表彰される。

祭りは同市北側に隣接する栃木県野木町の野木神社に由来し、江戸時代後期に始まったとされる。

当初は奥州街道の旧野木宿で行われていたが、旧古河宿に当たる古河市横山町に移ってきた。提灯の火は今も同神社から運ばれている。

問合せ先	古河市観光物産課　TEL：0280-22-5111

篆刻美術館と古河の文化施設

全国で唯一の篆刻美術館＝古河市中央町

お宝マップ
108

篆刻《てんこく》美術館（古河市中央町2丁目）は1991年、書道の中でも特に印章の芸術「篆刻」を専門とする、全国で唯一の美術館だ。

施設は、3階建ての石蔵を改造した表蔵（展示スペース57・84平方メートル）と、2階建ての石蔵を改造した東蔵（展示スペース132平方メートル）など。

20世紀を代表する日本の書家、西川寧（1902〜89年）＝85年文化勲章、石井雙石《そうせき》（1873〜1971年）の印章など刻印53点や書5点を収蔵。さまざまな企画展が開かれている。

美術館創設のきっかけは、同市出身の篆刻家、生井子華《いくいしか》（1904〜89年）＝本名・生井繁＝らを輩出した地域柄といえる。書家の青山杉《さん》雨《う》＝92年文化勲章＝らの尽力により、日本の篆刻界の「総意」を形成する形で設立された。

同館の周辺には古河歴史博物館や古河文学館、古河街角美術館など、文化施設が集中して立地している。それぞれに地域の歴史文化の発信や市民の文化活動、観光の拠点として大きな役割を果たしている。

問合せ先　古河市文化局生涯学習課　TEL：0280-22-5111

鹿島アントラーズと県立カシマサッカースタジアム

お宝マップ 109

「サッカーのまち・鹿嶋」のシンボル県立カシマサッカースタジアム

鹿嶋市に拠点を置くサッカーのＪ１鹿島アントラーズは、県立カシマサッカースタジアム（同市神向寺）を舞台に数々の名勝負と成績を重ね、地域住民や熱烈なサポーターと喜びを分かち合ってきた。Ｊリーグ元年の１９９３年以降、国内主要タイトル獲得数はＪ１リーグ戦７度優勝など通算17(２０１５年度現在)に上る。

チームの前身は住友金属工業蹴球団。１９９１年、プロリーグへの参加決定後に鹿島アントラーズＦＣが誕生し、今年10月にクラブ創設25周年を迎えた。

ホームタウンは鹿嶋、神栖、潮来、行方、鉾田の鹿行5市で構成。選手参加の小学校訪問をはじめ、食育キャラバン、スタジアムを核とした各種の健康事業などを展開し、地域に密着した取り組みを続けている。

スタジアムは本格的な日本初の屋根付きサッカー専用施設として93年に完成。２００２年の日韓ワールドカップ開催に合わせ、収容人数４万人を超える現在の姿に大規模改修され、「サッカーのまち・鹿嶋」のシンボルとなっている。

問合せ先		
	鹿島アントラーズＦＣクラブハウス	TEL：0299-84-6806
	カシマサッカースタジアム	TEL：0299-84-6622

鹿島臨海工業地帯

鉄鋼、石油化学、飼料など約160の企業が集積する鹿島臨海工業地帯
＝神栖市神之池東部

お宝マップ 110

鹿嶋、神栖両市の沿岸部約２９１６ヘクタールに広がる鹿島臨海工業地帯。砂丘に建設されたY字型の掘り込み式港湾の鹿島港を中心に、鹿嶋市の高松、神栖市の神之池東部、西部などの地区に鉄鋼、石油化学、飼料など約１６０の企業が集積。出荷額は約２兆３千億円（２０１４年）、総従業員数は約２万人に上り、県内外から多くの就業者が集まる本県屈指の工業拠点だ。

その歴史の始まりは１９６０年。当時の岩上二郎知事が「鹿島灘沿岸地域総合開発の構想」を打ち出し、巨大な掘り込み式港湾と鉄鋼、石油化学を中心とした一大コンビナートを構築する鹿島臨海工業地帯の整備に着手。「貧困からの解放」「農工両全」をスローガンに、鹿島開発は強力に推進された。かつて半農半漁のまちで、交通の不便さから〝陸の孤島〟と呼ばれた地域は、工業都市へと目覚ましい変貌を遂げた。

鹿島港は２０１１年5月に「国際バルク戦略港湾（穀物）」に指定され、日本の物流拠点としての役割も期待されている。

問合せ先　茨城県事業推進課鹿島地区　TEL：029-301-2753

鹿島灘と水際線

鉾田市の大竹海岸から鹿島灘を望む。海岸の先は大洗方面

お宝マップ 048

ごうごうと風が吹き付け、白い波が押し寄せる。国内で最も東にある灘、鹿島灘は本県の大洗岬から千葉県の犬吠埼まで広がる海域だ。本県の海岸線は約70キロ。南北に美しい砂浜がほぼ一直線に続いている。

黒潮と親潮がぶつかる潮目で、豊かな漁場でもある。神栖市の波崎漁港は、千葉県の銚子漁港とともに全国有数の水揚げ量を誇る。沖合ではイワシやサバなど多様な漁が行われている。特にシラスは地域の特産の一つ。沿岸で採れるハマグリ(チョウセンハマグリ)も「鹿島灘はまぐり」と呼ばれ、大ぶりでぷりっとした食感が魅力の全国ブランドだ。

海岸線では太平洋の大海原に日の出が望める。春のシーズンには大洗などで潮干狩りに興じる姿がある。夏には海水浴やサーフィンなどマリンレジャーが楽しめる。砂浜の侵食を防ぐ人工岬のヘッドランドが大洗から神栖まで33基。ヘッドランド周辺は離岸流の危険もあるが、サーフィンや釣りのポイントとして愛好家が集まる。

問合せ先　茨城県河川課　TEL：029-301-4485

現代茨城作家美術展と茨城県芸術祭

本県ゆかりの作家の秀作を集めた現代茨城作家美術展
＝水戸市千波町の県近代美術館

お宝マップ 118

現代茨城作家美術展は、茨城県美術展覧会（能島征二会長）の委員を中心に、県内外で活躍する茨城ゆかりの作家の秀作を一堂に集めた試みで、1999年から隔年で開催されている。

出品作家は会派を超えた100人。重鎮作家では、彫刻家で日本芸術院会員の能島さん（水戸市）、洋画家で同じく日本芸術院会員の山本文彦さん（牛久市）、漆芸家で重要無形文化財保持者（人間国宝）の大西勲さん（筑西市）らが名を連ね、第9回展からは、書家の故浅香鉄心氏に師事した星弘道さん（東京都）が加わった。

茨城県芸術祭は、県民文化センター（水戸市千波町）が66年に完成したのを機に、同年秋にスタートした本県最大の文化の祭典。県民の優れた芸術活動の成果を発表・展示し、鑑賞の機会を幅広く提供。地方文化を継承する役割も果たす。前出の茨城県美術展覧会は、日本画、洋画、彫刻、工芸美術、書、写真、デザインの7科目で構成され、茨城県芸術祭の中核として美術部門の運営を担う。

問合せ先

茨城県芸術祭美術展覧会事務局（県民文化センター分館１階）
TEL：029-244-5553

茨城弁

沿道に設置された交通安全の標語にも茨城弁が使われている＝常陸大宮市内

お宝マップ 119

かつて取手二高と常総学院高の野球部を率いた木内幸男さんが甲子園の記者会見で披露した〝木内節〟。その茨城弁丸出しの受け答えが名物にもなり、茨城弁は特徴的な発音のインパクトから知名度の高い方言の一つに挙げられている。

代表的な茨城弁は、じれったくイライラする気持ちを表す「いじやける」や「ごじゃっぺ（でたらめ）」、「なんだっぺ（何だろう）」など。早口で尻上がり調の上、「だっぺ」など独特の強い響きが他県の人には怒っているように聞こえることもあるという。

ところが、県民が茨城弁に抱く印象の多くは「温かい」「親しみやすい」「安心する」。震災復興の支援運動スローガンに親しみ深い「がんばっぺ！」、交通安全の標語には聞き慣れた「赤だっぺ」などが使われていることもうなずける。

また、県内には茨城の方言を後世に残そうと尽力する有志団体もある。昔話に方言を交えて分かりやすく内容を編集する取り組みや、茨城弁で読み聞かせする活動が広まってきている。

参考

茨城弁大辞典 - 茨城王
http://www.ibaraking.com/basic/ibarakiben/dic.cgi

板谷波山と茨城工芸会

日本近代陶芸の先駆者として活躍した板谷波山（左から２人目）

お宝マップ 112

板谷波山（本名・嘉七、１８７２〜１９６３年）は、明治後期から昭和中期にかけて活躍した日本近代陶芸の開拓者。号の「波山」は本県の名山「筑波山」にちなむ。陶芸家として初の文化勲章を受章した。

下館町（現筑西市）でしょうゆ製造業を営む板谷家の三男として生まれる。東京美術学校彫刻科に入学し、高村光雲らの指導を受ける。卒業後は陶芸の道に進み、独自の技法で近代陶芸の先駆的役割を果たす。薄絹をまとったようなつや消し釉は、淡い色面のグラデーションを生み出し、作品には独特の品格が漂う。「葆《ほ》光《こう》彩《さい》磁《じ》珍《ちん》果《か》文《もん》花瓶」は国の重要文化財になっている。

茨城工芸会は、工芸美術の発展を目指した波山の提唱により、１９３０年に設立。本県を拠点に活動する工芸作家が部門の垣根を越えて集い、交流・研さんを重ねている。現在は陶芸、金工、漆芸、染織、刺しゅう、七宝、ガラス、モザイクの8部門に約70人の作家が所属し、茨城工芸美術展を隔年で開いている。

問合せ先　茨城工芸会　TEL：029-226-8422

常陸牛とローズポーク

お宝マップ 120

本県畜産物の代表格といえば、黒毛和牛の最高級ブランド「常陸牛」。もう一つは、指定を受けた生産者が専用の飼料で育てる県の銘柄豚肉「ローズポーク」だ。

霜降りも美しい常陸牛

きめ細かな肉質のローズポーク

常陸牛は、赤身に程よく脂身が入り、見た目が美しく、もちろん、食べておいしい。県内の指定生産者が生後30カ月以上を目安に肥育した黒毛和牛。肉質の格付けが4等級以上などと厳選している。

指定生産農家数は１７３戸。販売指定店・推奨店は５２７店に拡大した(２０１６年10月現在)。ベトナムやタイにも輸出しており、国内外で高い評価を得ている。

ローズポークは、きめが細かく、弾力のある肉質と滑らかな舌触りが特徴。焼き肉のほか、カレーの具材、角煮やアヒージョ、しょうが煮など加工品にも多く使われている。

生産性や肉質を考慮し、ランドレース種、大ヨークシャー種、デュロック種を交配させた三元豚。出荷の約60日前から専用の大麦を加えた飼料で育てるなど、味や安全安心にこだわる。

問合せ先　ＪＡ全農いばらき　TEL：029-219-1113

常陸国風土記

お宝マップ 121

奈良時代の本県の実情を筆録した「常陸国風土記」。７１３年に元明天皇が出した命令で、当時60余りあった諸国でそれぞれ編さんが始まった。目的は、朝廷が地方の実情を把握するため。郷土の産物や山川原野の地名の由来、古老の伝承などが記されている。

当時の本県が「常世の国」（理想郷）といわれるほど豊かな自然に恵まれ、人々にとって生活しやすい理想的な地域であることが書かれている。私たちが誇る茨城の原点に触れることができる貴重な資料だ。

県立歴史館で2013年に公開された常陸国風土記＝水戸市緑町

風土記が現存するのは常陸（茨城）、出雲（島根）、播磨（兵庫）、豊後（大分）、肥前（佐賀・長崎）の5カ国のみで、東日本では常陸国風土記だけが今に伝わる。原本はなく、県立歴史館（水戸市緑町）には写本や、第9代水戸藩主・徳川斉昭の命によって校訂本を出版したときの版木が所蔵されている。

編さんから１３００年の節目になった２０１３年には県内各地で記念イベントが開かれ、盛り上がりを見せた。

問合せ先　茨城県生活文化課　TEL：029-301-2824

茨城の酒蔵と地酒

お宝マップ 122

杜氏（とうじ）や蔵人が丹精込め、地酒が出来上がる

豊かな土壌、清らかな河川に育まれた本県で盛んな酒造り。関東各都県で最多の46酒蔵（2016年10月現在）が久慈川、那珂川、筑波山、鬼怒川、利根川の5水系を生かし、伝統の味を守り続けている。

日本酒の品評会で上位入賞を続けるほか、海外のレストランで提供されるなど輸出も増えている。

水とともに日本酒の命といえる酒米。県がオリジナル品種「ひたち錦」を開発した。粒が大きく、麹《こうじ》が繁殖しやすく、雑味を生むタンパク質が少ないなど、酒米に適しており、多くの酒蔵が使用する。

ひたち錦と酵母、水だけを使い、それぞれの蔵元が技と個性を競い合う日本酒「ピュア茨城」は、県内外で高い支持を集める。

近年、外国人に「国酒」としてアピール。自治体では、地元の清酒による乾杯を奨励する「乾杯条例」を制定する動きも広がる。

茨城の地酒の味は―「付き合うほどに良さが分かる。茨城の県民性が表れている」。そんな声も聞かれる。

問合せ先　茨城県酒造組合　TEL：029-221-2698

シルバーリハビリ体操

シルバーリハビリ体操指導士の養成講習会の受講者たち
＝水戸市笠原町の茨城県立健康プラザ

お宝マップ 113

シルバーリハビリ体操は、高齢者が要介護状態に陥ることなく、より長く健康で生き生きと生活を送れるよう、県立健康プラザの大田仁史管理者が考案した。関節の運動範囲を維持・拡大するとともに筋肉を伸ばすことを主眼としている。

道具を使わず、いつでもどこでも1人でもできるのが特徴。立ったり、座ったりといった日常生活に必要な動作の訓練となる「いきいきヘルス体操」と、筋力を付けたり柔軟性を高めたりする「いきいきヘルスいっぱつ体操」で構成される。

県は健康寿命を延ばすため、この体操の普及に努め、体操を指導する人材の育成を進めている。体操指導士は1～3級まであり、3級は地域活動で自ら教室を実践し、2級はその地域活動のリーダーを担い、1級は3級を養成するインストラクターとなっている。

2016年6月までに約7400人の指導士が誕生。15年度は3万8千回の体操教室が開かれ、延べ58万人が参加。今後、17年度末までに指導士1万人の養成を目指している。

問合せ先　茨城県立健康プラザ介護予防推進部　TEL：029-243-4217

茨城の最先端原子力科学技術

全長330メートルのＪ－ＰＡＲＣのリニアック（直線加速器）＝東海村白方（日本原子力研究開発機構提供）

お宝マップ 114

日本の原子力開発の歩みは茨城から始まった。東海村に設置された日本原子力研究所東海研究所で１９５７年8月27日、国内初の原子炉ＪＲＲ—１が初臨界に達し、日本に初めて「原子の火」がともった。

その後、66年に商用原発国内第１号となる東海原発が営業運転を開始。研究炉や再処理工場など原子力施設の建設が相次ぎ、国内原子力開発の一大拠点が形成された。エネルギー分野に加え、医療や産業利用など幅広い分野の研究が行われている。

近年、注目を集めているのは、２００８年に完成した大強度陽子加速器施設（Ｊ—ＰＡＲＣ）。日本原子力研究開発機構と高エネルギー加速器研究機構が共同で運営し、３台の大型加速器を備える。

ほぼ光速まで加速した陽子ビームを標的の金属などに衝突させ、中性子やニュートリノなどの２次粒子を発生させる最先端研究施設で、これを利用して宇宙や物質の謎を探る研究のほか、難病治療薬の開発などが進められている。

問合せ先　日本原子力開発機構本部　TEL：029-282-1122

常磐線

東京と本県、東北をつなぐ大動脈・常磐線＝水戸市常磐町

お宝マップ
123

世紀を超え、本県鉄道の大動脈である常磐線。人々の暮らしに欠かせない輸送手段として、１日平均７万５千人（２０１５年度）が利用する。

１８９６年、水戸―田端間が開業。その後、常磐炭田の石炭をはじめ、日立鉱山や日立製作所の人員・物資などを運ぶルートとして県北地域に延伸され、国内経済の発展に重要な役割を果たした。

常磐線の始発駅は、上野駅ではなく、常磐線が東北本線と分かれる日暮里駅（東京都台東区）。終着駅は仙台駅の一つ手前の岩沼駅（宮城県岩沼市）。日暮里―岩沼間の総延長は３５０・４キロに上る。

２０１５年３月には、運行上の始発駅・終着駅として長年親しまれた上野駅を越え、品川駅までつながる「上野東京ライン」が開業した。今年12月には常磐線開業１２０年を迎える。

一方、11年の東日本大震災と福島第１原発事故の影響で、福島県内の一部区間は２０１６年も不通が続く。全線の運転再開は20年３月の見通しだ。

参　考　ＪＲ東日本水戸支社　http://www.jrmito.com/

選手らに熱狂的な声援を送る茨城ロボッツのサポーター（右）と
水戸ホーリーホックのサポーター（左）

がんばれロボッツ、ホーリーホック

お宝マップ 069

水戸ホーリーホックは1994年創設の水戸市をホームタウンとするプロサッカークラブ。2000年からJリーグ2部に加盟し、悲願の1部昇格を目指す。「ホーリーホック」は英語で「葵（タチアオイ）」。

幼稚園や小学校でのあいさつ運動や、スポーツ指導など地域に密着した活動も特徴の一つ。18年からは新練習場などを城里町の旧七会中に移す予定で、廃校を利用したクラブハウスは同リーグ初。また、ベトナム代表のグエン・コン・フォンを期限付き移籍で獲得したのを皮切りに、ベトナムとの連携を深めるなど、アジア戦略を見据えた新たな試みにも注目が集まる。

サイバーダイン茨城ロボッツは13年に「つくばロボッツ」として誕生したプロバスケットボールクラブ。16年からは本拠地を「つくば市・水戸市を中心とした茨城県全域」に拡大し、チーム名も新たに名実共に生まれ変わった。

2016年開幕した新リーグ・Bリーグ2部に所属。「2020年の日本一達成」を掲げ、飛躍を誓う。

問合せ先		
	茨城ロボッツ	TEL：029-350-8338
	水戸ホーリーホック	TEL：029-212-7700

親鸞聖人が約20年間暮らし、浄土真宗立教開宗の地といわれる西念寺＝笠間市稲田

親鸞とゆかりの寺

お宝マップ
124

京都の本願寺を本山とする浄土真宗。その開祖、親鸞聖人《しんらんしょうにん》は壮年期の約20年を常陸国で過ごした。関東一円の布教活動と同時に聖典「教行信証」を執筆した。

笠間市の光照寺は越後から長旅の末たどり着いた関東で、一番始めにわらじを脱いだ場所と伝わる。一刀を入れたという阿弥陀如来《あみだにょらい》立像が本尊として残る。

もっとも長く住んでいたといわれているのは、稲田草庵。聖典「教行信証」の草案を書き上げ、浄土真宗の聖地と伝えられている。家庭生活を営み、子どもたちを育てた。京都に帰る際、境内近くの「見返り橋」で振り返り家族に別れを告げたという。

関東で初めて草庵を結んだと伝わる常総市の願牛寺など、拠点にした場所が各地に残る。県立歴史館首席研究員の寺﨑理香さんは「県内の真宗の教えは強く、地域に根付いている。高僧である親鸞の流れをくんでいることを大切にしているのでは」と話す。門弟が建立した寺も数多く存在。親鸞の活動の軌跡を今に伝えている。

問合せ先　茨城県立歴史館　TEL：029-225-4425

果実大国

季節ごとにさまざまな果実が楽しめる

お宝マップ
125

メロン、ナシ、イチゴ、クリ…。本県は南北に長い地理的条件や気候から、多くの作物が栽培可能で、四季折々の味が楽しめる「果実大国」だ。

メロンは生産量日本一。県が10年かけて開発したオリジナル品種「イバラキング」は、滑らかな肉質と上品な甘さが特徴だ。ナシは筑西市関城地区で江戸時代から栽培するなど歴史がある。生産量は全国2位。近年は東南アジアへの輸出も増えている。

石岡市八郷地区では、厳選した富有柿を「献上柿」として毎年、皇室に届けている。イチゴの耕地面積は全国2位。県オリジナル品種の「いばらキッス」は、甘さと酸味のバランスが絶妙だ。

本県は「リンゴの南限、ミカンの北限」とされ、大子町では「奥久慈リンゴ」が楽しめる。桜川市や筑西市などで「小玉すいか」の栽培が始まったのは半世紀前。核家族化が進む中、大玉から切り替え、全国有数の産地となった。笠間市のクリは茨城の秋を代表する味覚として広く知られる。

問合せ先　茨城県販売流通課（茨城をたべよう）　TEL：029-301-3966

選考委員座談会

いばらき
セレクション
125

「いばらきセレクション125」は県内外からの投票に基づき、有識者で組織した選考委員会が「茨城の誇り」「地域の象徴」「歴史的意義や物語性」などの視点を加味して選定した。選考委員を務めた札幌市立大学理事長・学長の蓮見孝氏、ミュージアムパーク茨城県自然博物館前館長の菅谷博氏、茨城大学社会連携センター准教授の清水恵美子氏、茨城県教育財団理事長の野口通氏と小田部卓茨城新聞社長は白熱の議論を重ねて茨城の宝125項目を選定した。大役を果たし終え、選考委員が「セレクションに込めた思い」や「セレクションの可能性」について語り合った。

【いばらきセレクション125選考委員】

■蓮見孝（はすみ・たかし）**氏　札幌市立大学理事長・学長**
1948年神奈川県生まれ。71年東京教育大学卒。筑波大学名誉教授・客員教授。茨城県総合計画審議会副会長、いばらきイメージアップ大賞実行委員会委員、いばらきデザインセレクション委員長。札幌市在住。

■菅谷博（すがや・ひろし）**氏　ミュージアムパーク茨城県自然博物館前館長**
1944年生まれ。68年日本獣医畜産大学獣医学科卒。恩賜上野動物園長、東京動物園協会理事長などを務め、2005年から県自然博物館長。中央環境審議会臨時委員として広く環境保全に尽力。守谷市在住。

■清水恵美子（しみず・えみこ）**氏　茨城大学社会連携センター准教授**
2008年お茶の水女子大学大学院人間文化研究科博士後期課程修了。比較文化、日本美術史などが専門で、茨城大が開講した「茨城学」を担当。「岡倉天心の比較文化史的研究：ボストンでの活動と芸術思想」で文化庁第63回芸術選奨文部科学大臣新人賞（評論等部門）受賞。

■野口通（のぐち・とおる）**氏　茨城県教育財団理事長**
1955年生まれ。78年東京大学文学部卒。同年茨城県庁入庁。2004年商工労働部企画監、11年知事公室長、14年企画部長、16年から現職。

■小田部卓（おたべ・たかし）**氏　茨城新聞社長**

選考を終えて

野口　多くの候補の中から125項目にまとめるのは大変だった。だが、選考委員会で議論を重ねた結果、分野等のバランスも考慮しながら、宝にふさわしい良いものをできるだけ入れることができたのではないか。茨城には誇れるものがたくさんあり、選ばれたものの中には誰もが知っている観光拠点や名所ばかりでなく、「こんなものもあったのか」という宝も入っている。県外の人に発信していくのはもちろんだが、県民にもあらためて実際に現地に行って、その良さを確かめてもらいたい。茨城新聞社には、自治体などとも連携しながら、今後は、ツアーを組むなどして茨城の宝をより広めてもらいたい。

清水　小中学生に投票してもらった票を見ると、「こんなに多くの子どもたちが、自分の生まれ育ったところに愛着を感じているのか」と、感銘を受けた。子どもたちの思いをできるだけ大切にしながら、各市町村の宝を選んだが、同じような項目もあってやはり、125項目を選ぶのは大変だった。先人たちが何を残してきたか、また、私たちが何を残していきたいかを振り返り、吟味する作業となり、貴重な体験となった。

菅谷　全体の投票数が16万票以上に上り、これほど多くの県民の皆さんが関心を示されたことは驚きだった。元自然博物館長の立場からすると、たくさんの候補の中で自然への投票が多かったことはうれしい。子どもたちはそれぞれの地域、自分たちの生活に密着したものをよく見ている。そうした子どもたちの目を通し、いばらきセレクションは地域の特性、文化が表れるものになった。これからはこれをどう活用するか。新聞社はもちろん、行政も含め各方面がうまく利用し、活性化の一助としてくれればうれしい。

ミュージアムパーク茨城県自然博物館前館長
菅谷　博 氏

蓮見　茨城新聞の創刊125周年記念事業として、125の郷土の誇りを選ぶということを聞き「これは素晴らしい企画だ」と思い、ぜひ参加したいと思った。中でも、子どもたちに投票してもらい、44市町村の宝を選ぶというコンセプトがとてもいい。なぜなら、明日を担う子どもたちに郷土の誇りを考えてもらうということはとてもいいことだ。44市町村一つずつの郷土の誇りが選ばれたわけだが、それぞれシンプルでストレートなものが出てきて、全体を通して分野もばらけた。自然に関するものを投票した多くの子どもたちの意識がどのようなものなのか、学者としてはよく分析したいと思った。開発し尽くされていない、日本固有の原風景のようなものが茨城にはまだ残っている、そういうものをいつくしもうという思いが子どもたちの中にあるのかもしれない。各市町村の子どもたちがお互いの土地を訪ね合い、それぞ

現地で良さを確かめて　野口氏
子ども票に感銘受けた　清水氏
自然への投票がうれしい　菅谷氏
「自慢合戦」につながれば　蓮見氏

れの宝を自慢し合う「自慢合戦」のような動きが出てくれば、活性化につながるのではないか。一般票に基づく全県枠は地域別にみると、宝の数は均等ではなかったが、選ばれなかったからといって宝が少ないということではなく、これからもっともっと見つけ出していくということが大切なのではないか。選考を終え、心地よい充実感を感じている。

小田部　いろいろな視点からご議論いただき、125の茨城の宝を選定できた。感謝している。自分たちの生まれ育った地域に誇りを持たなければ、地域の活性化はありえないという思いがこの事業の根幹にある。私は学生時代、京都で暮らしたが、京都の人々は「京都人にあらずんば日本人にあらず」というようなところがある。茨城県人にもあれだけ地域を誇りに思う気持ちがあったら、茨城はもっと人気が出るだろうと思う。いばらきセレクション125を通して、県民には茨城にもっともっと自信と誇りを持ってもらいたい。

印象に残った茨城の宝

野口　例えば「月待の滝」。同じ大子町にある袋田の滝と比べるとずっと小さく、それほど有名でもないが、この滝ならではの風情がある。知っている人には愛着を

茨城県教育財団理事長
野口　通 氏

持たれているものを代表する一つだと思う。見たことのない方にはぜひ、見てもらいたい。それから、最初の集計の段階では、各地の桜に多くの票が入っていたのを随分絞り込み、桜川の桜と真鍋小の桜が残った。桜川は国指定の名勝で、謡曲にも謡われるなど代表にふさわしい。一方の、真鍋小学校の桜は子どもたちの記憶にずっと残っていることが評価されたと思う。

清水　まず子どもたちの票で印象に残ったことは、思い出や生活に結びついた景色が宝物になっているということだ。たとえば、それぞれの土地の建造物や風景を記した子どもたちの理由が「誰々と遊びに行った時・場所」というように、思い出や記憶と結びついて宝物になっている。また、一般票では食べ物が多かったのが印象深い。海のもの、山のもの、果物、野菜…これらを全て選ぶと１２５がすぐに埋まってしまう。食べ物の票から、茨城の豊かさをしみじみと感じた。さらに、茨城弁について、採用しようかどうしようかという議論が盛り上がった。茨城弁と標準語の境はあいまいなところがあり、確固とした線引きはできないが、なくなってほしくないという思いがある。言葉は生活や文化とは切り離せないものであるから、大切にしたい。審査員それぞれの考えがあきらかになって、議論自体が有意義だった。

菅谷　どれが際立っていたということはない。生活に溶け込んでいるもの、誰が見ても宝物として選ばれるであろうというもの、いろいろな要素のものから選んだ。選外のものにもとてもいいものはある。それをどうえり分けるか、特に自分のよく知らないものをどう評価するか、とても難しかった。だが、その多様性がこの茨城の豊かさなのだろうと思う。

蓮見　どれがお勧めということはなく、北関東文化圏としての魅力を茨城県は色濃く持っているなということを強く感じた。しかもその中で唯一、海を持っているということが茨城の特色になっていると思う。日本昔話などを読むと、茨城の風景が脳裏に浮かぶ。山寺の階段というものが出てくると「茨城のあそこだ」と思えてくる。「となりのトトロ」の森も茨城のあちらこちらにある。ある種の最も自然な原風景がここにはある。それが茨城の魅力だと思う。東京では聞けないホトトギスの鳴き声や霞ヶ浦周辺の貝塚などからは、太古の昔につながる神秘性さえ感じられる。

小田部　茨城弁が議論になったが、言葉は茨城だ、栃木、群馬だと行政区で区切れるものではなく、北関東としての一つの文化圏を象徴するものだと思う。セレクションの候補に挙がったところはできるだけ、自分の足で訪ねてみた。そうすると、同じような祭りでも新しい時代に対応しているものと相変わらず古い体質のままのものなど、違いが見えてくる。例えば市町村合併したところでは、合併した地区を巻き込んで一緒にやるか、相容れないままでやっているかで大きな違いが出てくる。こうした時代の要請に合わせていかないと、祭りなんてなくなってしまう。セレクションの候補にも歴史的なものが数多くあったが、歴史の波を潜り抜けてきたもの、淘汰されたものさまざまあり、時代時代に工夫されてきたものが今に伝えられてきたのだと思う。自然も豊かだが、素晴らしい近代産業の遺産もある。茨城には多様な豊かさが残されている。

地方創生とセレクションの意義

野口　地域を元気にするには、自分の地域を知るということがまず基本にあり、その上で周りの人たちに発信していかなければならない。そのとき、自分がよく知っているものを大切にするのは当然だが、その枠を広げて大切にしていくことが大事になる。そうした取り組みが今まで以上に茨城を活性化していくことになるのだと思う。このいばらきセレクション１２５を今後どう進めていくかということについては、蓮見先生がおっしゃったような「地域の自慢合戦」につなげていくようなことが面白いと思う。自分たちが新しく知ったことをインターネットなどを通じ、自分たちで発信していくといったことがいい。私どもの県教育財団としても、生涯学習の観点からこのセレクションをセミナーで活用していくことなども考えてみたい。

清水　地方創生を考えたとき、まずはそこに住んでいる人たちがその場所を好きになり、何ができるかを考え

茨城大学社会連携センター准教授
清水恵美子 氏

ることが大事だと思う。セレクションに選ばれたものは「形あるもの」が多いが、票を見ると、絆とか人のつながりという「目に見えないもの」も多かった。セレクションではそれらをあまり選定することができなかったが、これらは地域活性化の大きな原動力になると思う。セレクションをいかに未来につなげていくかが次の課題になる。選んだだけではなく、どう活かしていくかが大切であり、その方法を考えるのは、楽しいことだ。私は大学で「茨城学」という授業を担当しているが、この授業でいばらきセレクションをどう活用していけるかを考えていきたい。

菅谷　野口さん、清水さんのおっしゃった通りだが、地方創生には官民挙げて取り組まなければならないが、いばらきセレクションは新聞社ならではの取り組みだったと思う。それをこれからどう生かしていくかについても、新聞社がリーダーシップをとって官民に投げかけていくべき。地方創生は一気呵成にはいかないが、具体的な取り組みを進めていくため、私どもの県自然博物館も協力していきたい。

蓮見　私にも皆さんと同じような思いがあるが、自己分析というのだろうか、ポジティブに前向きに自分の良さや自分に与えられたチャンスといったようなことを生かしていく力が今、求められている。地方創生というのはまさに、その競い合いだと思う。みんながあそこはいい、ここはいいと思っているようなところは今後、苦しくなるのではないか。それは、みんなが知り尽くしているから。むしろ、茨城の強みは、多くの人に知られていない魅力が残っているというところ。これから磨き甲斐があるということだ。私は常に、磨き甲斐のあるところに住んでいたい性質なので、ずっと茨城にいたいと思う。地方創生はやはり、そこにとどまり、そこに住み着いて、生き続けていくことが大切。そのためには、その仕組みをいかにつくりあげるか。具体的には、そこで食べていけて、その上で自尊心を持って生活していけなければならない。そのためには、産業や生業が大切になる。いばらきセレクションには多くのテーマが含まれている。これだけ多くのテーマをいかに産業、生業に生かしていけるか、考えるだけでも楽しみだ。

小田部　皆さんにご議論いただいて選定した１２５項目だが、その一つ一つの後ろには豊かな物語がある。それを多くの県民に再認識していただきたいというのが、セレクションに込めた思いだ。行政にも、この物語を大切にしてもらいたい。すぐにお金になるというものばかりではないが、今後の方向性の一つの道標になるだろう。10年後、20年後にまた同じようなことをやってみて、その時どうなっているか、そんなことも意義があるのではないか。

今後の活用と茨城の理想像

野口　海があるというような地理的な軸とともに、歴史という時間軸もこのセレクションでおさえられたことはとても良かった。社長の言うように何年か先にセレクションをやってみて何が残っているか、できるだけ多くのものが残っていてほしいが、さらに磨きがかかった形で残っていればいい。さらに、今の我々が想像もできないようなことが入ってくればなお、うれしい。

清水　茨城の大学には県外出身の学生が多く通い、県南地域に限らず県外から多くの人が茨城県に転入してきている。そういう人たちには「魅力度ランキング最下位」が強烈に印象づけられていると思うが、いばらきセレクションはそういう人たちに「茨城にはこんなにいいものがある」と訴える指標のようなもの、魅力の集大成であると思う。県外出身の方はもちろん、県内の人にも多くの魅力を再発見し、体験していってほしい。茨城では、これからも新しい魅力が生まれてくると思う。私自身、アンテナを高くして、茨城の魅力を発信していきたい。

菅谷　いばらきセレクション１２５はいわば、茨城の魅力に大きなリサーチをかけたということ。今後はそれぞれのテーマをどう掘り下げ、どう未来につなげていくか、どう生かしていくかがポイントになると思う。

蓮見　いばらきセレクションに選ばれたものは多様な素材。これをどう、分析するか。例えば、これとこれを結びつけるとどうなるかというようなことを考える。そ

札幌市立大学理事長・学長
蓮見　孝 氏

地域を知ることが基本　野口氏
〝宝〟生かすことが大事　清水氏
新聞社がリーダーに　菅谷氏
磨き甲斐が茨城の魅力　蓮見氏

れを野口さんがおっしゃったような水平軸や時間軸の中で考えていけば、さまざまな効果が見えてくるように思う。25年後にいばらきセレクション125が行われるならば、ぼくは茨城弁が残っていてほしい。そのときの茨城弁はどう変化しているか。食べ物や味を表現する言葉が増えているように思う。「京野菜」「鎌倉野菜」というと何かおしゃれな感じがするが、いつしか「茨城野菜」もそうなるのではないか。茨城弁が、歴史を含めた茨城の特異性、スペシャリティーを表現する言葉として磨かれていってほしい。そういう意味では「五浦の六角堂」の「五浦」は語感いいし、茨城を代表することばになっていくのではないか。

小田部　皆さん本当にありがとうございました。セレクションに選ばれた「龍ヶ崎コロッケ」や「真壁のひなまつり」はアクションなのです。コロッケや街並みを活用し、どう地域を元気にしていくかというアクション。名所・旧跡だけでなく、そういった現在進行形のものを選んだということは、ほかの地域に対しても「セレクションに入ったテーマでアクションを起こしてみませんか」と提案したということ、新聞社として一つの仕掛けを打ったということ。今後も中・長期的な視野でこれを具体化していきたいと思う。その際にはまた、皆さんのお知恵を拝借したい。どうぞ、よろしくお願いします。

茨城新聞社長

小田部　卓

いばらきセレクション125
みんなで選んだ茨城の宝

ISBN978-4-87273-454-6
2017年1月6日　第1刷

定　価　本体1,000円＋税
発　行　茨城新聞社
〒310-8686 水戸市笠原町978番25 茨城県開発公社ビル
TEL.029-239-3005（営業企画部）
印　刷　冨士オフセット印刷